LEV SOM EN BONDE

LEV SOM EN BONDE

100 SÄTT ATT KLARA SIG SJÄLV

NIKLAS KÄMPARGÅRD

NORSTEDTS

ISBN 978-91-1-306938-8
© 2016 NIKLAS KÄMPARGÅRD OCH NORSTEDTS, STOCKHOLM
FÖRSTA UPPLAGAN, FJÄRDE TRYCKNINGEN
FORMGIVNING OCH ILLUSTRATION: LUKAS MÖLLERSTEN
OMSLAG: LUKAS MÖLLERSTEN
FOTO: NIKLAS KÄMPARGÅRD (SID 12 FOTO: KRISTINA KÄMPARGÅRD)
REPRO: JK MORRIS PRODUCTION AB, VÄRNAMO
TRYCKT INOM EU 2017
WWW.NORSTEDTS.SE

*

NORSTEDTS INGÅR I NORSTEDTS FÖRLAGSGRUPP AB, GRUNDAD 1823

Innehåll

GRÖNA VÄLGÖRARE

001 Trädgård utan gifter – lura ogräset 15

002 Ätbara växter – trädgården på ett fat 16

003 Hälsoväxter – växter som gör dig frisk 18

004 Huskurer och botemedel 21

005 Syra grönsaker och bevara dem färska 22

006 Låt växterna stå kvar i marken och skörda året om 25

007 Torka dina egna örter 26

DJUR PÅ GÅRDEN

008 Egna får – gräsklippare och landskapsvårdare 29

009 Egna höns – så får du enklast ägg 30

010 Egna bin – honung och härlig pollinering 33

011 Egen häst – gårdens bästa hjälpreda 34

012 Getter – världens enklaste djur 37

013 Gris till torp och gård 38

014 Hässja eget hö 41

015 Ta hand om din gödsel – olika gödsel till olika grödor 42

016 Bered djurens skinn 44

017 Sy och slöjda av eget skinn 47

KÖTT PÅ BORDET

018 Slakta själv – garanterat bra kött 48

019 Köttet måste hänga för att bli mört 50

020 Lufttorka skinka – med förtrollande smak 52

021 Röka kött och fisk 55

022 Stoppa korv – klassiska recept 56

023 Egen färs av lamm, nöt, gris och vilt 59

024 Vilt på tallriken 62

FRUKT OCH GRÖNT

025 Beskär träd och släpp in ljuset 65

026 Ympa egna fruktträd 66

027 Fruktträd som håller måttet – äpple, päron, körsbär, plommon 69

028 Förgyll vintern med olika sorters bär 70

029 Bevara skörden – frys in frukt och grönt 74

030 Koka äppelmos 75

031 Koka saft – som på mormors tid 76

032 Gör must av dina äpplen 79

033 När saven stiger i björken – gör din egen svagdricka 80

034 Brygg eget öl 83

035 Baka bröd med maltrester 84

ODLING

036 Föryngra egna plantor – ta sticklingar som gror 87

037 Samla egna fröer 88

038 Förgro dina grönsaker för en tidigare skörd 90

039 Egen potatis – förgro i kruka 93

040 Odla i hink eller kruka 94

041 Egen gödsel utan djur på gården 97

042 Samla tång på stranden – och mylla ner i trädgården 98

043 Den sköna solen mot söder – planera din köksträdgård 101

044 Odla i drivbänkar eller växthus 102

045 Pollinera eller inte – räcker det med insekter? 105

046 Använd täckväv för en tidig skörd 106

047 Odla kålväxter – från frö till skörd 109

048 Att lyckas med persilja och den svårodlade dillen 112

049 Egen kryddodling 115

050 Växter som återkommer – skörd gång på gång 116

051 Gör eget bekämpningsmedel 119

052 Så lyckas du i växthuset 120

053 Skydda växterna med nät och väv 123

054 Lagra frukt och grönsaker 124

NATURLIG TRÄDGÅRD

055 Bevara ängsmarken – låt gräsmattan växa upp till en äng 127
056 Skapa en trädgård där fåglar och fjärilar trivs 128
057 Undvik rådjur, gnagare och vildsvin bland odlingarna 131
058 Så slipper du sniglarna 132
059 Ta hand om regnvattnet – och använd det igen 135
060 Bevattning för trädgård och fält 136
061 Bygg en egen fågelholk – olika mått för olika fåglar 139
062 Mata fåglarna på vintern 140

PLANERA OCH BYGGA

063 Växter som vindskydd – effektiva häckar 143

064 Gärdsgård av gran – förgyller landskapet 144

065 Trä som håller – välja träslag till gårdens stolpar 147

066 Använd skogen optimalt – rätt träd till rätt sak 148

067 Stengärdsgård – bra sätt att slippa besvärande sten 151

068 Så skapar du en egen kullerstensgård 152

069 Dränera och led bort regnvatten 155

070 Tak av naturmaterial 156

071 Bygg en egen jordkällare 159

072 Betongrör i marken – enkel variant av jordkällare 160

073 Första hjälpen – om olyckan är framme 162

UTHUS

074 Ta hand om dina uthus 165

075 Bygg ett eget stall 166

076 Så bygger du ett enkelt hönshus 169

077 Bygg ett eget utedass 170

078 Växthus av gamla fönster 173

079 Vitkalka dina väggar 174

080 Tjära – utmärkt sätt att skydda trä 177

GAMLA METODER

081 Vikten av växelbruk 179

082 Kompostera själv – för prima jord 180

083 På hösten kommer löven – använd dem effektivt 185

084 Jordförbättra i stället för att köpa jord 186

085 Kräftfiske – lyx eller självhushåll? 188

086 Fisk i dammar och små vattendrag 191

087 Så slipper du myggen 192

088 Flugfångare – bli av med flugorna som stör 195

089 Håll mössen och råttorna borta från gården 196

090 Fälla träd som en bonde 199

091 Egen ved till vintern 201

092 Förvara ved – så får du veden att torka 202

093 Så tolkar du vädret 205

EL OCH FORDON

094 Effektiva elverk – reserv på landet 207

095 Vindkraftverk på gården 208

096 Välja dragfordon – traktor, jordfräs eller fyrhjuling? 211

097 Välja släp till gården 212

098 Svetsa till husbehov 215

099 Egen el från solens strålar 216

100 Värm ditt eget vatten på taket 219

FÖRORD

DET FINNS NÅGOT utmanande med att klara sig själv. Att ha nära till djuren och jorden som levererar allt gott som man kan äta. När maten man äter är odlad bakom huset och köttet, svampen och veden kommer från hemmaskogen fylls man av stolthet.

Jag växte själv upp på en gård och varje dag var ett äventyr. På min tramptraktor kämpade jag genom åkerstubben tillsammans med mamma för att leverera smörgåsar och nybryggt kaffe till pappa som tröskade på fälten. I början var det traktorerna och maskinerna som lockade mig mest, men med tiden skaffade jag egen häst och djuren blev allt viktigare för mig. I tonåren blev jag mer intresserad av idéerna kring självhushållning och gick flera kurser i överlevnad. Jag lärde mig hitta mat och tillaga naturens råvaror över öppen eld, sova utomhus i nästan fyrtiogradig kyla, snara fåglar och tillverka fiskekrokar av ben och trä.

Ända sedan jag var riktigt liten har jag älskat att odla. Som barn ville jag köpa ett eget växthus, men fick istället hjälp att bygga min första odlingsbänk av fönster vi hittat på vinden. På landet gjorde man så. Sparade det gamla för att använda igen i framtiden.

Egentligen finns det ingen bättre skolsal än den på en liten gård. Bland djur, köksträdgård, odlingar och maskiner får hela familjen lära sig om hur naturen fungerar. Principen är densamma även om du bor i lägenhet i stan. Har du ingen möjlighet att odla själv kan du ändå lära barnen naturens grunder under skogspromenader och utflykter. Eller varför inte skaffa en odlingslott för familjens odlingar. Dessutom finns det numera flera projekt där man odlar mat tillsammans i ett slags kollektiv – man delar på arbetet och tar del av skörden gemensamt. Billigt, socialt och riktigt kul.

I dag, när bönderna blir färre och färre, finns samtidigt en motrörelse där fler och fler blir nyfikna på de gamla överlevnadsknepen. Numera kan de flesta av oss skriva en avancerad sökning på Google, betala räkningar med mobilen, ringa supporten när datorn strular på jobbet, planera möten, träningstider och veckoscheman med barnen. Men hur många vet hur man samlar egna fröer i trädgården, nackar en höna eller tänder en eld i skogen? Sådan kunskap, som bönderna tills helt nyligen kunde rabbla utantill om man väckte dem mitt i natten, känns viktig igen. Intresset för att odla sin egen mat har vuxit. Och vi som provar på självhushållning blir snabbt beroende och vill göra mer.

Att klara sig själv, i det stora eller det lilla, är en skön känsla. Oavsett om det handlar om att driva upp en god tomatsort på balkongen eller bygga ett eget hönshus är känslan densamma. Jag hoppas att du i den här boken hittar både idéer och inspiration till att ta fler steg – små eller lite större – mot att leva som en bonde.

Sölvesborg, 2016
NIKLAS KÄMPARGÅRD

001
Trädgård utan gifter
LURA OGRÄSET

DET GÅR ATT bli av med ogräset utan kemikalier. Ett bra sätt är att dra bort det manuellt tidigt på säsongen. Så fort ogräsplantan börjar bilda blad växer den sig starkare.

Så småningom kommer plantan in i ett stadium då den förbrukar lika mycket energi som den lyckas samla på sig genom fotosyntesen. Det kallas kompensationspunkten och det är då plantan är som mest känslig för störning.

OGRÄS	VÄXTPERIOD	KOMPENSATIONS-PUNKT
Maskros	Vår och höst	Tidigt knoppstadium
Kvickrot	Vår och höst	3–4 blad
Åkertistel	Vår och sommar	8–10 blad
Åkermolke	Vår och sommar	5–7 blad
Gråbo	Vår och höst	Tidigt knoppstadium
Kirskål	Hela perioden	5–10 blad
Hästhov	Vår	3–5 blad

TÄCKODLING är ett annat välkänt knep. Genom att täcka marken minskar jordens avdunstning och läckaget av växthusgaser till atmosfären. Ogräset får svårare att fästa, dels för att det inte kommer ner något ljus, dels för att fröet har svårt att gro i täckmaterialet.

Gräsklipp fungerar utmärkt till täckodling. Lägg ut ett tjockt lager med gräsklipp redan innan frösådd och skrapa sedan försiktigt bort en ränna i gräsklippet där du kan sätta dina frön. Gräsklippet är också en riktig energikick vars näring kommer odlingarna tillgodo. Saknar du eget gräsklipp, fråga grannar, vänner eller kommunen. Tänk dock på att gräsklippet ska vara nyklippt. Andra material du kan täckodla med är till exempel tidningspapper, ensilage eller halm.

FLER TIPS FÖR ATT MINSKA OGRÄSET

→ Plocka bort blommande ogräs innan de sprider sina frön.
→ Sätt rätt växt på rätt plats. Då får växterna kraft att kunna konkurrera med ogräset.
→ Satsa på friska motståndskraftiga sorter, både vad gäller perenner och grönsaker.
→ Plantera i kvalitetsjord, kompost eller egentillverkad, väl avvägd jord.
→ Sköt plantorna noggrant. Vattna och gödsla med måtta.
→ Rensa manuellt så fort du får tid.
→ Plantera marktäckare och täta rader som kväver ogräset.
→ Markduk – bra, men fult.
→ Gräv ner djupa hinder av plast, metall, trä eller plåt för att förhindra att rotogräs vandrar vidare.
→ Odla i odlingsbäddar så slipper du rotogräs som redan finns i marken.

Till sist gäller det att utrusta sig med en stor portion tålamod och även att se lite mellan fingrarna. Då blir ogräset lättare att leva med. En perfekt trädgård är trots allt en ganska tråkig trädgård.

002
Ätbara växter

TRÄDGÅRDEN PÅ ETT FAT

SATSA PÅ NÅGRA goda, mindre vanliga växter för att smaksätta maten och späda ut sallader, soppor och stuvningar.

HUMLEBLOMSTER, *Geum rivale*. Finns i hela landet, växer på fuktig, näringsrik ängsmark och i diken. Koka stammen färsk eller torkad till ett gott te som påminner om varm choklad. Blomman kan också ätas eller användas som dekoration. Bladen kan hackas ner i både soppor och stuvningar.

KÄRLEKSÖRT, *Sedum telephium*. Både blad och rötter har tidigare använts som föda. Bladen kan ätas färska eller kokas i soppor. De kan även stekas i smör och serveras som grönsaker till fisk.

LIND, *Tilia cordata*. Blommorna har en svag honungssmak och används färska eller torkade i örtteer (se bild). Lindblomste anses bland annat vara lugnande och har i långa tider använts för att motverka förkylningar, infektioner och feber. Man kan även lägga lindens unga späda blad i sallader.

LÖKTRAV, *Alliaria petiolata*. Utsökt lökväxt som påminner om vitlök. Redan på 1700- och 1800-talen användes löktrav som krydda till salt fisk och på bröd. Prova att smaksätta en gräddfilssås med mald eller finstrimlad löktrav. Torka den helst inte eftersom mycket av smaken försvinner då.

NÄSSLOR, *Urtica dioica*. Växer längs uthus, i rabatter och i dikeskanter. Passar bra i varma rätter, i brödbak eller i en härlig nässelsoppa. Torkade och malda nässelblad kan användas i örtte, i müsli eller på mackan. Plocka helst inte brännässlor nära gödselstackar. Nässlorna kan lagra nitrat som kan vara skadligt vid hög konsumtion.

SVINMÅLLA, *Chenopodium album*. Ett klassiskt ogräs. De proteinrika bladen kokas och används som spenat medan späda stjälkar kokas eller steks som sparris. Fröna kan användas färska eller torkade i gröt, grytor och soppor. Testa stuvad svinmålla i stället för spenat till kött, fisk eller korv.

SYREN, *Syringa vulgaris*. Väldoftande stämningshöjare som blommar lagom till skolavslutningen. Av syrenblomman kan man göra saft och gelé eller till och med marmelad. Man kan också äta blomman färsk, i sallad eller använda den som dekoration.

VIOL, *Viola spp*. Växer på näringsrik mark, i vägrenar och längs hedar och bergskanter. Framför allt dekorerar man med blommorna, men både blommor och blad går att äta. Man kan också koka saft på viol eller göra en vackert lilaskimrande måltidsdryck.

VÅTARV, *Stellaria media*. Våtarv är rik på kolhydrater och protein och även C-vitamin. Används framför allt i sallader, men kan också mixas ner i en grön hälsodryck. Passar fint i soppor, pajer och grytor. Prova gärna att göra pesto på våtarv, eller byt ut spenaten i stuvningar mot våtarv.

1 · GRÖNA VÄLGÖRARE

← Torkade lindblommor kan användas till ett gott och nyttigt te.

003
Hälsoväxter

VÄXTER SOM GÖR DIG FRISK

LÅNGT INNAN DET fanns syntetiska läkemedel gick man till skogens skafferi när hälsan vacklade. Än i dag baseras många läkemedel på naturens verksamma substanser. En av de mest kända är digitalis (fingerborgsblomma) vars verksamma substans används i syntetisk form vid hjärtsvikt. Obs! Digitalis är annars en dödligt giftig växt som man absolut inte ska äta.

DAGGKÅPA, *Alchemilla spp*, växer vid vägar, hällmarker och trädgårdar. Daggkåpebladen har tidigare använts i örtteer och sägs vara extra bra vid blödningar i mag-/tarmkanalen. Växten innehåller stora mängder garvämnen som drar samman huden och stärker vävnader. *Gör så här:* Koka omkring 75 färska blad i ½ liter vatten i några minuter. Låt dra vid sidan om spisen i ytterligare 10 minuter. Doppa kompresser i avkoket och lägg rakt på såret. Man kan även använda vätskan som sårrengöring.

DILL, *Anethum graveolens*, klassisk krydda till nykokta kräftor. Även en utmärkt medicinalväxt som har använts vid matsmältningsstörningar, gasbildning och dålig aptit. *Gör så här:* Häll 1 dl kokhett vatten över 1 tsk stötta dillfrön och låt dra i 10 minuter. Drick 2 gånger dagligen som behandling mot matsmältningsstörningar och dålig aptit.

FÄNKÅL, *Foeniculum vulgare.* Har framför allt använts som krydda i grytor och bröd, men också vid matsmältningsproblem, gasbildning och hosta. Lägg 1 tsk stötta fänkålsfrön i en kopp med 1 dl kokhett vatten. Låt dra i 10 minuter. Drick en kopp 2–5 gånger dagligen vid matsmältningsstörningar och gasbildning.

HALLON, *Rubus idaeus.* Ett utmärkt bär i både vilt och odlat tillstånd. Förutom att äta de goda färska bären kan man också använda hallonens blad, färska eller torkade, i örtteer. Hallon innehåller fibrer och antioxiderande polyfenoler, som lär motverka flera sjukdomar, samt oxytocin, som verkar avslappnande och rogivande.

GROBLAD, *Plantago major.* Bladen kan användas färska och torkade till bland annat örtte, som sägs vara bra vid rethosta och luftvägsproblem. Groblad kan även ingå i grytor och sallader tillsammans med andra bladväxter. Men framför allt har man använt grobladens sårläkande effekter och för att få ut stickor ur infekterade sår. *Gör så här:* Massera väl rengjorda blad mellan fingrarna eller använd en ren mortel för att få ut bladens vätska. Lägg bladmassan mellan kompresser eller tunt rent bomullstyg. Placera rakt över såret och fixera. Till avkok tar man 1 dl blad till ½ liter vatten, som får koka i 10 minuter. Smakar som rabarberdryck.

MYNTA, *Mentha spp.* Det finns både vilda (vattenmynta och åkermynta) och odlade myntasorter som dyker upp i främst kryddträdgårdar. Framför allt är myntan en populär krydda i mat och dryck. Den kan också användas till munvatten eller fantastiskt te. Alla sorter innehåller en viss mängd mentol, vilket är antiseptiskt, slemlösande och uppfriskande.

PORS, *Myrica gale*, växer på fuktig mark nära sjöar, åar och vattendrag. Porsbladen har länge använts som krydda i mat och dryck, men framför allt för att driva myggor, knott och flugor på flykt. Plocka färska blad och gnid in dig själv med bladen. Man kan också hänga upp små knippen med blad och blommor i lådor och garderober för bättre lukt och för att hålla mal och löss borta.

ROSMARIN, *Rosmarinus officinalis.* En fantastisk örtkrydda som används vid matlagning, men som också kan hjälpa vid trötthet, speciellt efter infektioner. *Gör så här:* 1 tsk rosmarin tillsätts till 1 kopp kallt vatten och får långsamt koka upp. Drick en kopp morgon och kväll. Rosmarin kan även tillsättas till badvattnet, speciellt vid reumatism, gikt och dålig cirkulation. Tillsätt 50 gram rosmarin i 1 liter vatten och koka upp. Låt dra i 10 minuter och häll sedan avkoket i badvattnet.

RÖLLEKA, *Achillea millefolium*, har använts som medicinalväxt inom en rad olika områden: som magmedel för ökad aptit, kramplösande, för sårbehandling, febernedsättande, lokalt smärtlindrande, blodstoppande vid stora sår och mot hudirritationer och bölder. Röllekablad fungerar även bra mot mygg och knott. Ta då färska blad och gnid dem hårt mot huden. *Gör så här:* För ökad aptit och mot eventuella magkramper kan du göra ett te på växten. Häll 2 dl kokande vatten över en näve röllekablommor. Låt stå och dra i 10 minuter, gärna med lock. *Till sårvårdsvätska:* Häll 3 dl kokande vatten över uppskattningsvis 3 nävar med röllekadelar. Låt dra i omkring 15 minuter. Använd vätskan för att tvätta sår eller som omslag på svullnader.

RÖNN, *Sorbus aucuparia.* Har framför allt använts som smaksättning i sprit och till sylt, vin och gelé. Rönnbär passar bra i både bröd och gröt (stöt dem gärna i mortel först) och torkade rönnbär kan användas i müsli. Forskning visar att rönnen har en bra bakteriedödande effekt och te på rönnbär har bland annat använts vid dysenteri.

LEV SOM EN BONDE

004
Huskurer och botemedel

DE BÄSTA HUSKURERNA är de omtvistade och ifrågasatta, och ärvda sedan generationer.

FÖRKYLNING. Med en burk honung i skafferiet är räddningen aldrig långt borta. Honung är sårläkande och bra mot småsår. En sked honung om dagen är nog bra för allt utom tänderna. Och vikten möjligtvis.

DÅLIG ANDEDRÄKT. Borsta tänderna med en nypa bikarbonat eller tugga på färsk persilja. Du kan också gnugga salviablad mot tänderna eller gurgla citronvatten.

DIARRÉ. Okokt ris (1 matsked till ett glas vatten) sägs vara bra mot diarré, men kan däremot ge magknip, särskilt om du har en känslig mage. Prova att äta ett hårdkokt ägg till, med vinäger.

GASER I MAGEN. Blanda 1 matsked vardera av fänkålsfrön, kardemummakapslar och kumminfrön och tugga på fröna mellan måltiderna

HUVUDVÄRK. Koka ett lindrande te på kamomill, ljung och pepparmynta. Låt örterna dra i varmt vatten i minst 5 minuter.

DÅLIG BLODCIRKULATION. Tappa upp ett varmt bad med rosmarin, lavendel och tallbarr. Kryp ner och låt blodet rusa runt i kroppen.

TORR HUD. Blanda havregryn med kallt vatten och gnugga torra hudpartier med blandningen. Du kan också testa olivolja som masseras in i huden. Även aloe vera är bra på torr hud.

Prova att droppa några droppar honung på en halv citron. Skrubba ansiktet med citronhalvan.

VINTERDEPRESSION. Se till att vara ute i dagsljuset så mycket som möjligt. Motionera, undvik alkohol och kaffe, skaffa dagsljuslampor och ät grapefrukt, apelsin, plommon och päron vilka anses lindra depression. Har du en svårare depression, sök sjukvård.

SVÅRT ATT SOVA. Varm mjölk är en klassiker. Doften av ljung som du lägger under kudden ska också vara sövande. Kamomillte är lugnande och avslappnande, undvik kaffe och alkohol. Motionera.

HOSTA. Blanda 1 tsk lakritspulver i 1 dl vatten och drick 10–15 ml 3 gånger om dagen.

FETT HÅR. Blanda 1 tesked aloe vera med 1 tesked citronjuice. Tillsätt 1 matsked av ditt vanliga schampo och massera in i håret. Skölj noga. Kan upprepas några gånger i veckan.

TORRT HÅR. Blanda 4 msk yoghurt, 1 äggula, 1 tsk honung och 1 msk olivolja. Massera in blandningen i håret och låt verka i 15–20 minuter innan du sköljer håret med ljummet vatten.

005
Syra grönsaker och bevara dem färska

LÅNGT INNAN BÅDE kylskåp och konserveringsämnen var mjölksyremetoden ett enkelt sätt att kunna servera grönsaker på tallriken året om. De goda bakterierna stärker ditt naturliga immunförsvar.

Redan James Cook, brittisk upptäcktsresande som seglade på Stilla Havet, drog nytta av de mjölksyrade grönsakernas fascinerande hållbarhet. Under långa och riskabla expeditioner brukade besättningen drabbas av skörbjugg, ett slags C-vitaminbrist. James Cook lät servera syrade grönsaker eller juice av lime ombord och mycket riktigt drabbades ingen i besättningen av skörbjugg. James Cook belönades med medalj för sitt initiativ.

Vid mjölksyrningsprocessen är det grönsakernas naturliga mjölksyrebakterier som får en skjuts på vägen. Genom att salta, blanda och packa grönsakerna hårt ger man bakterierna rätt förutsättningar för att kunna föröka sig och bilda mjölksyra. Mjölksyran gör det omöjligt för andra, mer skadliga bakterier att överleva.

Vissa menar att man lika gärna kan köpa importerad surkål på burk – men det finns en stor skillnad. Köpt surkål är ofta pastöriserad, vilket innebär att alla bakterier har dött. Hemmasyrade grönsaker fungerar däremot som probiotika, alltså godartade bakterier som hjälper tarmen på traven. De snälla godartade bakterierna finns alltså bara i burkar som kräver förvaring i kylskåp.

GÖR DIN EGEN SURKÅL

Att lyckas med mjölksyrat är lättare än vad man kan tro. Du behöver: 1 vitkålshuvud (ca 1 kg), 2 tsk salt, 1 lagerblad, 1 msk kummin och 1 tsk enbär.

1. Ta bort de yttersta bladen på vitkålshuvudet och skär bort rotstocken, men kasta dem inte eftersom du behöver både blad och rotstock senare.
2. Strimla omkring 2 liter vitkål, vilket motsvarar ett vitkålshuvud på runt 1 kilo. Riv vitkålen i matberedare eller hyvla fint med osthyvel.
3. Blanda den strimlade vitkålen med salt och kryddor i en stor bunke. Blanda och knåda väl så att kålen verkligen pressas samman och ger ifrån sig vätska.
4. Packa kålen i en glasburk med tättslutande gummipackning. Knepet är att packa det hårdaste du kan, och sedan ta i ännu mer. Då pressar du ut vätskan som stiger över din strimlade kål. Lämna 2 centimeter luft upp till kanten av burken.
5. Lägg vitkålsbladen (de du tog bort i början) överst i burken och ovanpå dem lägger du rotstocken. När du stänger burken kommer rotstocken att pressa ner kålen i vätskan. Glöm inte att skriva datum på burken.
6. Ställ burken mörkt i rumstemperatur, gärna i ett kärl eftersom vätska ibland tränger ur glasburken när mjölksyrningsprocessen sätter igång. Du behöver däremot inte vara rädd för att glasburken ska sprängas när det bubblar, pyser och jäser inuti.
7. Efter omkring två veckor (14 dagar) är kålen färdigsyrad. Har du misslyckats så ser du mögelbildning på ytan.
8. Låt surkålen stå kallt, antingen i jordkällare eller i kylskåp. Öppnade burkar förvarar du i kylen. Då kan du njuta av surkålen hela hösten.

TIPS PÅ SMAKSÄTTNINGAR

Som smaksättare kan man använda en lång rad blad och kryddväxter, till exempel hallonblad, svarta vinbärsblad, dragon, kryddpeppar, koriander, lagerblad, fänkål, senapsfrön eller kyndel.

MJÖLKSYRAT VÄRLDEN RUNT

I Sverige har vi surströmming, i Östeuropa yoghurt, Ryssland kefir, Tyskland sauerkraut, Finland svamp, Polen kål och morot och Estland gurkor. Med andra ord går det att syra en lång rad produkter. Det är bara fantasin som sätter gränser.

006
Låt växterna stå kvar i marken
OCH SKÖRDA ÅRET OM

MÅNGA VÄXTER TRIVS bättre utomhus under vintern än i en varm källare. I södra Sverige borde det nästan vara självklart att man låter skörden stanna utomhus. Se till att så och sätta köldtåliga arter redan när du planerar köksträdgården. Grönkål, morot, palsternacka, brysselkål, kålrot, purjolök, savojkål, måchesallat och en lång rad asiatiska bladväxter kan med fördel skördas under hela vintern. Fös bort snön, gärna med en mjuk borste, och ta del av vinterns alla läckra smaker.

Även i växthuset kan man skörda långt in på vintern. Så fort kylan tar över utomhus kan man fortsätta med att odla sallad i växthuset. Måchesallat, salladssenap, pak choi och mizunakål går att sätta långt in på hösten. Det kan visserligen vara trångt i växthuset då tomat- och gurkplantorna fortfarande är i full skörd. Men genom att fröså vintersalladen i plantbrätten och sedan plantera om i större krukor vinner du tid innan salladen kommer i jorden permanent.

Isolera kryddträdgården med bubbelplast eller glas- eller plastkupor, bygg isolerade odlingsbänkar och förstärk växthuset med bubbelplast. Med en liten värmefläkt i växthuset, som går igång under kyliga nätter, förlänger du odlingssäsongen avsevärt. Det är bättre att låta morötter, palsternackor och kålrot stå kvar i marken och i stället täcka odlingen med ett rejält lager halm för att undvika att odlingen fryser. Sedan kan du när som helst, oavsett om det ligger 50 centimeter djup snö eller inte, gå ut i trädgården och skjuta undan isolermaterialet och skörda färska rotfrukter mitt i vintern. Även grönkål, brysselkål och purjolök går att skörda långt in på vintern, men blir det alltför kallt blir kål- och lökplantorna genomfrusna och får en vattnig smak. Milda vintrar går det däremot att skörda året om.

VÄXTER SOM KLARAR FROST: persilja (krusbladig är mest tålig), salladslök, palsternacka, rotpersilja, rotselleri, svartrot, morot, broccoli, måchesallat, salladssenap, pak choi och mangold.

VÄXTER SOM KLARAR REJÄLT MED FROST: savojkål (Marner Grüfewi eller Vorbote), purjolök, brysselkål (Groninger), purpurkål, palmkål, grönkål (Westland Winter eller Winterbor F1).

007
Torka dina egna örter

ATT TORKA EGNA örter är ett bra sätt att bevara sommarens skörd och kunna njuta av egenkryddad mat långt fram på vintern.

Bäst smak brukar örterna ge strax innan de går i blom eller precis i blomningsögonblicket. Skörda hela örter i början av blomningen och enbart blad från tidig vår till sen höst. Tänk på att inte klippa ner örtagården längs med marken alltför sent på säsongen, eftersom plantorna behöver en återhämtningsperiod mellan skörd och vintervila.

Sträva efter att plocka de yngsta delarna av örten. Använd en sax eller sekatör och undvik att slita av grenarna. Rensa bort gula blad och skaka eller borsta bort jord och damm. Är örterna smutsiga av jord (som inte går att skaka bort) kan man skölja dem med vatten, men tänk på att vatten ökar risken för att skörden ska drabbas av mögelangrepp. Enklast är att torka örterna i rumstemperatur eller i en speciell torkmaskin.

Kryddorna torkar olika snabbt, beroende på temperatur, luftfuktighet, typ av ört och hur mycket vatten den innehåller. Tänk på att torka växterna i ett mörkt och svalt rum, då solsken lätt förstör både smak och färg. Sprid ut kryddorna på en tidning eller häng upp dem i luftiga buntar i taket. Täta kryddbuketter ökar risken för mögelangrepp.

Lägg örterna i burkar så fort de torkat. Mörka burkar är att föredra så att smaken inte försämras. Man behöver inte smula sönder örterna när man stoppar dem i burken. Gör det först när de används, så bevaras både smak och doft.

BRA ÖRTER ATT TORKA: citronmeliss, timjan, salvia, mynta, oregano, rosmarin och dragon.

TORKA I UGN. Det går att torka växter i ugnen men var försiktig så att du inte använder en alltför hög temperatur, eftersom fukt och eteriska oljor då avdunstar väldigt fort vilket ger en sämre smak. Torka med luckan på glänt i max 50 °C. Vänd på örterna då och då så att de inte bränner fast. Hellre en lägre temperatur under lång tid än tvärtom.

TORKA I TORKMASKIN. Det finns fina elektriska torkmaskiner som blåser värme genom en pyramid av torkramar där du lägger dina kryddor på tork. Perfekt för att också torka egna fröer av till exempel tomat, eller för att göra egna torkade tomater, squash eller aubergine. Prova att torka frukt eller kött. Du kommer att bli helt såld.

EGET KRYDDSALT. Perfekt om man har vitlök kvar från året innan. Mixa knappt 5 dl skalade vitlöksklyftor i en matberedare. Blir smeten torr kan man tillsätta lite vatten. Ös i 0,5–1 dl salt (finkornigt), beroende på hur starkt du vill att vitlökssaltet ska bli. Man kan också välja att tillsätta 1–2 chilifrukter av den milda sorten och mixa allt till en enda smet. Bred ut smeten på ett bakplåtspapper och torka i ugnen (max 50 °C) eller i torkmaskin. När allt är torrt har saltblandningen förvandlats till en torr kaka som du mixar till ett ljuvligt välsmakande pulver. Saltet passar lika bra i matlagning som på smörgås. Det går också att göra löksalt, sellerisalt eller persiljesalt.

008
Egna får
GRÄSKLIPPARE OCH LANDSKAPSVÅRDARE

LÅNGT INNAN DU bestämmer dig för att skaffa får bör du bestämma dig för vilken ras du ska köpa. Läs på om olika rasers beteenden och fundera på om du bara ska ha några stycken, eller om du planerar att öka beståndet och också börja avla. Gamla raser är generellt mer tåliga är nya. Gotlandsfår och Gutefår ger små lamm med snabba och okomplicerade lamningar medan Texel och Suffolk ger fina slaktkroppar.

Räkna också på betesarealer, foder och ensilagebehov innan du köper får. En normalstor tacka behöver omkring 350–400 kilo hö under vintern. Planerar du att odla egen vall krävs vanligtvis 1 hektar vall för att fodra 10 tackor. Tänk också på att ensilage (syrat gräs) innehåller mer vatten än hö. Därför krävs nästan tre gånger så mycket ensilage jämfört med hö för att mätta samma antal får.

Under sommaren räknar man med att det behövs 1–3 hektar bete för att mätta 20 tackor. Tackor med lamm kräver naturligtvis mer bete än tackor utan lamm.

Redan innan du skaffar ditt första får måste du ansöka om ett produktionsplatsnummer som utfärdas av Jordbruksverket. Planerar du att skaffa fler än 20 vuxna djur krävs tillstånd av Länsstyrelsen som godkänner ritningar och lokaler. Har du mer än 500 meter mellan betena, eller om grannen har andra djur däremellan, krävs flera produktionsplatsnummer. Kontakta Jordbruksverket för att försäkra dig om att alla tillstånd är klara.

Alla djur som finns på gården ska vara öronmärkta och inskrivna i en särskild journal. Varje gång du köper eller säljer ett djur ska förändringen anmälas till Jordbruksverket.

Tänk på att alltid köpa lamm med M3-status, det vill säga certifieringsgrad 3. Det betyder att hela besättningen på avelsgården är fri från Maedi-Visna, en virusorsakad smittsam sjukdom som angriper fårens lungor. Viruset har en mycket lång inkubationstid och bryter oftast inte ut förrän fåret är 3–4 år gammalt. Det är också därför som besättningar klassificeras enligt M1, M2 och M3-status. M1 om alla djuren är friska, M2 om djuren inte drabbats efter något år och M3 om besättningen anses vara helt frisk från Maedi-Visna.

Köper du får för nöjes skull är härstamningsbevis inte nödvändigt. Men så fort du planerar att börja avla kan det vara lämpligt att känna till tackans – och baggens – genetiska arv. Ta gärna kontakt med andra fårägare, det finns flera intressegrupper på internet. Börja i liten skala och utveckla efter hand. Det är ingen guldgruva att skaffa egna får, däremot fantastiskt härligt.

En tackas dräktighet varierar beroende på ras, men i genomsnitt är hon dräktig i 145 dagar plus/minus fem dagar. Sexualcykeln är 17 dagar och brunsten varar i 36–48 timmar, med ägglossning i slutet av brunsten (efter 30–36 timmar). Det kan vara svårt att uppfatta att en tacka är brunstig, i synnerhet om det inte finns någon bagge i hagen. Men vanliga tecken är att tackan urinerar ofta och viftar ivrigt på svansen. Finns det en bagge på gården söker sig tackan dit på egen hand och det är alltså inget som vi människor behöver styra upp.

Ett bra tips för att få veta vilka tackor som blivit betäckta är att ta en färgkrita och binda fast på baggens mage. Då ser man enkelt vilka tackor som fått besök av baggen om natten.

009

Egna höns

SÅ FÅR DU ENKLAST ÄGG

ATT TRAMPA UT i hönshuset på morgonkvisten och plocka färska ägg är en ynnest för oss som uppskattar det enkla livet på landet. Skaffa 6–8 hönor och njut av nyvärpta ägg året om.

Välj svenska raser som Bjurholmshöna, Gotlandshöna, Skånsk Blommehöna, Åsbohöna, Svarthöna, Ölandshöna, Hedemorahöna Orusthöna, Bohuslän-Dals, Kindahöna, Öländsk Dvärghöna eller Gammalsvensk Dvärghöna. Du får fina ägg och tar samtidigt ett kulturhistoriskt ansvar.

En bra höna brukar värpa omkring 6 ägg i veckan, färre på vintern. Beroende på vad hönorna äter kan du styra antalet ägg även under de allra mörkaste vintermånaderna. Behöver du fler ägg, även under vintern, bör du förutom grundfodret servera hönorna ekologiskt hönsfoder som du köper på foderfabriken. Glöm inte att hushållets avfall också funkar fint till hönsen.

För att få hönorna att lägga äggen där du vill ha dem och inte under besvärliga buskar och snår behöver du bygga reden där hönsen trivs. Hönsen uppskattar undangömda reden där det är mörkt och tryggt, gärna med halm där tuppen (som är ett bra sätt att locka hönsen till redena) slår sig till ro i värmen. Använd reden av trä eller ännu hellre gamla kartonger som kan kastas när de blir smutsiga. Varje höna behöver en sittpinne, 15–20 cm lång, gärna längre, där de kan sova om natten och uträtta sina behov. Sätt med andra ord inte mat och vattenskålar under raden av sittpinnar.

Det behövs en hönsgård där hönsen kan vara på natten, för att undvika att räven, mården eller duvhöken kommer på besök. Gräv ner nätet en bra bit i marken, gärna 50 centimeter djupt, så att rovdjur inte kan gräva sig in. Vidare krävs ett tak av nät så att rovfåglar inte kan ta sig in i hönsgården. Ett tips för att minska tyngden på hönsgårdens regelverk är att använda fågelnät (grovmaskigt) i stället för det tunga hönsnätet. Väljer du att köpa färdigt finns det flera tillverkare av färdiga hönsgårdar och prefabricerade hönshus att välja på.

Tänk på att höns är renliga djur som vantrivs i smutsiga stallar. Hönsen uppskattar sandiga gårdar där de kan »tvätta sig« i sanden och hålla fjäderdräkten skinande ren och fri från ohyra.

Är marken hård kan du lägga in lösa partier med sand i hönsgården eller varför inte en hög med gräsklipp eller ogräsrens som hönsen gärna attackerar.

HÖNSENS SLÄKTTRÄD. Det har aldrig funnits vilda höns i norra Europa. De första tamhönsen kom till Sverige för omkring 2000 år sedan och har under århundradena anpassats till det kalla nordiska klimatet. Först i slutet av 1800-talet fick lantraserna konkurrens av mer högproduktiva raser. Svenska Lanthönsklubben arbetar för att bevara och föröka våra svenska lantraser.

TIPS!
Ett färskt ägg sjunker i vatten, medan ett gammalt ägg flyter upp.

Ett kokt ägg snurrar lätt och jämnt om du sätter det i rotation, medan ett okokt ägg snurrar långsamt och ojämnt.

010
Egna bin
HONUNG OCH HÄRLIG POLLINERING

ÄVEN OM DU bara har en trädgård eller en fruktodling finns det goda skäl att skaffa egna bin. Den nödvändiga pollineringen blir bättre och på köpet får du läcker honung att njuta av resten av året.

Varje sommar rapporteras det att bina minskar drastiskt i antal. Orsaker som nämns är den ökade frekvensen av gifter i samhället, sjukdomar som drabbar bina och ovanligt kalla vintrar. Sverige importerar en stor mängd honung varje år för att mätta efterfrågan. Så egentligen borde varenda lantbrukare också bli biodlare. Pollineringen ger fler blommor, trevligare och färggladare trädgårdar och ett rikare lantbruk.

Den höga efterfrågan gör det lönsamt att vara biodlare, faktiskt en av de bättre sidoinkomsterna vid sidan av lantbruket. I snitt ger varje bisamhälle 30 kilo honung som du lätt kan sälja på lokala marknader. Du kan också välja att leverera till en grossist. Det enda som krävs är en bit mark där du kan ställa dina bikupor och ett litet förråd där du kan ställa in dina förädlingsprylar.

Storleken på biodlingen bestämmer du själv. De minsta odlarna har bara ett eller två samhällen och de största sköter flera hundra stycken. Tänk på att inte placera dina samhällen i nära anslutning till konventionella gårdar eftersom kemikalier kan få oanade effekter bland bina.

I ett medelstort bisamhälle finns det uppskattningsvis 40 000 arbetsbin. Deras liv är indelat i olika sysselsättningsgrupper. Bin som nyss kommit ur puppan blir ansvariga för städning, skötsel av larverna och ser till att drottningen är mätt, medan äldre bin är ansvariga för vaxkakorna och producerar vax. Det är också de äldre bina som tar emot och bearbetar nektar och pollen i kupan. Allra högst i rang står fältbina, som flyger ut och hämtar pollen och nektar ända tills de dör.

Drygt en vecka efter kläckningen lämnar den nya drottningen kupan och ger sig av för att leta efter drönare att para sig med i luften. Drönarna lockas till drottningen med hjälp av feromoner (doftämnen som styr de andra binas beteenden). Totalt parar hon sig med upp till 30 drönare från olika bisamhällen. Därmed har hon fyllt sin spermabehållare med tillräckligt mycket sperma för resten av livet och samtidigt garanterat en bred genetisk bas för bisamhället.

BRA VÄXTER FÖR BIN: Förutom fler bin i trädgården kan rätt växter vara avgörande för att du ska lyckas med yrkesodlingen. Satsa på växter som gynnar binas försörjning av nektar och pollen: björnbär, blåbär, bovete, fetknopp, hallon, höstaster, isop, kastanj, krokus, klöver, krusbär, lavendel, ljung, liguster, lönn, murgröna, päron, snödroppe, timjan, vallmo, vallört, vildvin, vinbär och äpple.

011
Egen häst
GÅRDENS BÄSTA HJÄLPREDA

HÄSTEN ÄR BÅDE sällskapsdjur och en optimal partner i lantbruk och skogsbruk. Den tar sig fram mellan täta passager, skonar marken och packar jorden minimalt. Hästen ger dig även möjlighet att ta uppdrag utanför gårdens marker och tjäna pengar på ditt intresse.

Oavsett om du bara väljer att harva gårdsplanen eller planerar att använda hästen till att dra ut gallringstimmer från skogen är hästen en strävsam partner. Den ger gott om gödsel som är bra att använda i odlingarna. Till skillnad från höns- och fårgödsel är hästens träck mildare och bränner inte lika intensivt. Dessutom innehåller det betydligt större mängder organiskt material som hjälper till att göra jorden lucker.

VÄLJA RAS. Medan ardennerhästen passar den lilla gården som endast använder hästen till arbete är nordsvensken optimal för dig som också uppskattar att rida. Den är smalare över ryggen och fungerar bättre som ridhäst. Även fjording eller Haflinger, en seg bergshäst med ursprung i Sydtyrolen, är lämpliga raser som passar på den lilla gården.

Ett växande intresse har gjort att antalet hästar ökat på landsbygden, allra mest i nära anslutning till stadsbebyggelse. Antalet hästar i Sverige uppskattas till nästan 400 000 individer. Det är i stort sett lika många som i början av 1800-talet, långt före traktorns intåg på svenska gårdar, då lantbruket fortfarande sköttes med händerna. Drygt 100 år senare, i mitten av 1920-talet, var antalet svenska hästar över 700 000.

Få av dagens hästar används däremot i tyngre arbeten även om antalet hästföretagare ökar. Mest populära är de företag som erbjuder alternativ skogskörning vid plantering, gallring och avverkning kring känsliga områden i naturreservat och stadsnära skogar. På flera platser i Sverige använder man häst för att skota ut avverkat timmer, utan de djupa sår i marken som tunga maskiner ofta orsakar. I förorten Rosengård i Malmö använder man hästar för att transportera sopkärl längs gågatorna.

För många hästföretagare råder det ingen tvekan om att hästen kommer att ha en given plats i det framtida svenska småskaliga jordbruket. En svensk studie har visat att hästen är en betydligt mer förnyelsebar dragare än traktorn. Medan hästens energitillförsel bestod av 60 % förnyelsebar energi var samma siffra för traktorn enbart 9 %. Men så fort du kör runt hästen med bil eller tar bilen till stallet blir hästens avtryck i princip lika stort som traktorns. Förutom att den sparar energi är hästen billigare än en traktor i både inköp och drift.

012
Getter

VÄRLDENS ENKLASTE DJUR

DU HAR FÖRMODLIGEN sett dem i hundratal under resor till Medelhavet eller Mellanöstern. Dessa landskapsvårdare äter i princip allt som går att bita eller slita loss från träd, mark och buskar. Vårda dem ömt och du har vänner för livet.

Getter är sociala varelser som helst tillbringar dagarna tillsammans med andra – getter eller människor spelar mindre roll. Från början var geten ett billigare alternativ till kon för fattiga bönder på landsbygden. Mjölken var bra och näringsrik och kunde användas till goda och smakrika ostar. Dessutom var geten mindre krävande än till exempel en ko och fanns det inget foder i ladugården lyckades getterna på något sätt ändå hålla sig mätta. Kanske är det inte så konstigt att geten ibland har kallats för fattigmansko.

Innan du bestämmer dig för att skaffa getter bör du bestämma dig för vad du ska använda dem till. Ska du mjölka, använda getterna som sällskapsdjur, landskapsvårdare eller rentav skicka dem till slakt? Det magra köttet har en unik smak och är nästan helt fritt från fett. Numera växer antalet getter i mjölkproduktion och en bidragande orsak är svenskarnas sug efter goda getostar. Framför allt används högmjölkande lantrasgetter som är framavlade för att ge maximalt med mjölk. Allmogegetter (Göingeget, Jämtget och Lappget) är oförädlade lantraser som i århundraden anpassats till lokala förhållanden och ett självhushållande jordbruk.

Att hålla getter är varken speciellt arbetsamt eller ansträngande, däremot kan det vara svårt att hålla dem på rätt sida av staketet. De klättrar och rymmer gärna och mumsar lätt i sig grannens salladshuvuden. Därför måste du ständigt se över hägnen, stängsla högt, gärna med el och se till att getterna håller sig i hagen. Vanligtvis används 4–5 eltrådar, den lägsta 20 cm ovan mark och den högsta 120 cm över mark. Tänk på att stängsla hagar så att träden hamnar långt in i hagen. Står trädet nära staketet kan getterna klättra ut i det fria.

Getter är i första hand buskätare och mår bra av lövsly samt gran- och tallris både sommar och vinter. De uppskattar även barken på såväl lövträd som barrträd. Du kan också stödutfodra getterna med hö eller i värsta fall ensilage (getternas magar kan reagera mot det kraftiga ensilaget). Därutöver behövs en mineralsten, gärna viltsten, i synnerhet om du inte ger djuren fårpellets med ämnet koppar, som lätt blir ett bristämne. Även om getter generellt inte kräver kraftfoder så skadar det inte med lite stödutfodring på vintern, men undvik alltför stora portioner. Killingar bör inte serveras kraftfoder överhuvudtaget.

Getens dräktighet varar i 150 dagar. När hon är brunstig märker du det tydligt genom att hon viftar på svansen och är allmänt orolig. Hon svullnar även kring slidöppningen och hoppar gärna upp i betäckarposition på andra getter som betar i samma hage. Missar du att betäcka geten kommer hon i ny brunstperiod 19 dagar senare. Tänk på att bockarna blir könsmogna redan vid 3–5 månaders ålder. Du bör därför placera dem i en annan inhägnad för att undvika inavel.

013
Gris till torp och gård

GRISAR ÄR TACKSAMMA djur, grymtande håriga markförbättrare som idogt gör sitt yttersta för att bekämpa eländiga hav med kvickrot, åkertistel och maskros.

Drömmer du om att skaffa gris bör du börja med ett par unga gyltor (könsmogna suggor som ännu inte fått några kultingar) med genbanksintyg. Med tiden kompletterar du med en egen galt. Inget djur mår bra av att vara ensamt och djurskyddslagen kräver att grisen har sällskap. Väljer du att skaffa både gyltor och galt samtidigt måste grisarna hållas separerade från det att de är omkring 5 månader ända upp till 1 år gamla. Släpp samman grisarna först när du vill att gyltan ska bli betäckt och dräktig.

Skaffa en härdig sort som till exempel Linderödsgrisen, en gammal lantras som trivs med det fria livet utomhus. Grisarna behöver ett skydd mot vind och rusk och tempererat vatten på vintern. Satsa på ett mobilt grishus redan från början, åtminstone om du har traktor eller fyrhjuling på gården. Då kan du enkelt flytta grisarna dit du vill.

Sommartid vill grisarna ha en gyttjepöl (fuktas dagligen) där de kan svalka sig och leka. De mår också bra av skugga där de kan dra sig undan under dygnets varmaste timmar. Tillgång till vatten dygnet runt är ett krav enligt djurskyddslagen.

Räkna med åtminstone 2–3 kilo foder om dagen, vilket naturligtvis kan minskas om du väljer att stödutfodra djuren med rester från köket. Korn, vete och havre fungerar fint liksom foderärtor som mals och blandas med vatten. Lägg till fallfrukt och skrumpna fruktrester och spara hushållets alla organiska rester till grisarna. Av familjens matrester går det att ge grisarna allt utom kött- och fiskrester, detta hamnar i stället i komposten. På vintern behöver grisarna mer kolhydrater för att hålla värmen utomhus. De behöver även extra mycket proteiner när de växer och när suggan ger di åt sina kultingar.

Det räcker med 2–3 trådar eltråd för att hålla grisen kvar i hagen. Sätt den understa tråden 20–30 cm ovan mark och den andra tråden 30 cm högre upp. Grisar hoppar sällan, men gräver sig gärna under staket, och kan vältra sig över höga hinder. Ett tips är att låta staketet matas av två olika elaggregat, ett för respektive tråd så att grisarna inte kan överlista elförsörjningen och kortsluta hela systemet. De är smarta djur vi älskar.

Sträva efter att betäcka suggan under vintern. Då föds kultingarna under våren och diar suggan när beteshagarna fortfarande ligger i vila. Först framåt sommaren, efter 2–3 månader med modersmjölk, är kultingarna redo för vuxenlivets mat i hagen. Suggan är dräktig i 3 månader, 3 veckor och 3 dagar. En sugga brunstar i princip var tredje vecka, året om, så missar du den första brunsten får du en ny chans 17 dagar senare.

Grisen är en optimal och självgående plog och en utmärkt gödselmaskin som göder marken där den bökar. Grisarna äter inte bara gräset, utan hela tuvan som de lyfter upp med hjälp av trynet. Sedan fortsätter de djupare ner i jorden, silar jorden mellan tänderna och äter upp varenda tillstymmelse till rotogräs eller växtrest. Även sorkar som gömmer sig i marken hamnar då och då i grisens mage, oavsett om grisen anses vara växtätare eller inte.

TIPS!

Begränsa grisarnas utrymme där de får böka och dela in den stora åkern i mindre tegar där grisen då och då kan få ett nytt område att bearbeta. På så sätt blir markbearbetningen mer omfattande och grisarna gör ett mer noggrant jobb än om de släpps ut på en oändlig yta redan från början.

1

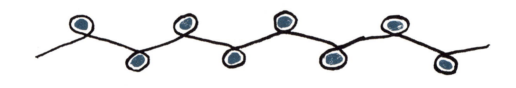

2

3

014
Hässja eget hö

ATT VARA HÖBONDE kan vara ett elände. Antingen regnar skörden bort eller så är det för torrt. Med andra ord är det enklare att köpa hö, men varför ska livet vara enkelt? Ingenting går upp mot känslan av att servera djuren eget hö.

Har du tagit över en gård som inte brukats på många år? Om den gamla vallen fortfarande ger en hyfsad skörd kan du harva upp den med en enkel pinnharv och krydda tillväxten med nödvändiga näringsämnen. Låt gärna djuren beta marken under försäsong för att sedan plocka ut en skörd med slåtter senare på säsongen.

Är vallen däremot dålig brukar det vara bättre att plöja upp hela fältet och börja om från början. Gamla ängsmarker är fulla av kulturväxter som bör vårdas ömt. Var försiktig med hur du hanterar ängsmarken och låt djuren beta efter det att höskörden tagits in.

EGEN VALL I HAGEN. Plöj marken och harva ett par gånger för att få en jämn och lös struktur i jorden. Det går utmärkt att använda små redskap som dras efter häst eller en liten traktor. Har du stora fält kan du ta hjälp av en granne eller en maskinstation. Packa jorden med hjälp av en ringvält och gödsla med stallgödsel. Så helst i för- eller eftersäsong för att undvika dålig grobarhet. Vallblandningarna är känsliga för torka och det brukar vara bra att så när jorden är fuktig och samtidigt håller en temperatur över 10 °C.

SKÖRDA OCH HÄSSJA EGET HÖ. Små fält är utmärkta för att slå med lie. Vänd höskörden för hand eller med hjälp av en häst. Har du stora fält är hässjning inte aktuellt. Små fält och beteshagar passar däremot utmärkt för hässjning. Med hjälp av hässjor stannar fröställningarna kvar på ängsmarken och kulturväxterna kan sprida sina frön och komma upp på nytt.

GÖR SÅ HÄR

1. Slå ner 8–10 hässjestörar i marken (många föredrar 10 störar) i öst–västlig riktning och låt de yttersta två störarna luta en aning utåt.
2. Sträva efter att sätta störarna i sicksack så att hässjan blir så bred som möjligt (och därmed rymmer mer hö). Knyt fast ett tunt rep 40 cm över marken och fäst repet i den enda änden. Sedan knyter du in varje stör så du får en lågt placerad läggrad (första nivån med hö). Det går också att använda slanor mellan störarna (krakarna) som då bör kompletteras med fästanordningar (enklast är att använda krakar med grenstumparna kvar) där slanorna kan läggas.

    Låt gärna höet torka på marken i 1–2 dagar innan du lägger upp det på hässjan.

3. Växla mellan att lägga hö mellan, över och bredvid krakarna så att höet låser mot sin egen krake. Du kan också fortsätta att lägga ut hö även över ändstörarna. När du är klar tar du repet och följer hässjeraden tillbaka. Det är viktigt att repet knyts in i varje krake så att hässjan inte rasar. När du återigen knutit fast repet i den andra ändstören lägger du på ytterligare en rad med hö. Fortsätt på samma sätt ända tills hässjan är helt full med hö. Verkar den ostadig kan man sätta en eller flera stöttor på båda sidor om hässjan. Efter en tid är höet torrt, det tar allt mellan några dagar och 2–3 veckor. Längre än så ska höet inte ligga på hässjan, eftersom gräset annars dör under hässjan. Kontrollera fuktigheten mitt i hässjan innan du tar in höskörden på skullen.

015
Ta hand om din gödsel

OLIKA GÖDSEL TILL OLIKA GRÖDOR

GÖDSEL ÄR MER än bara gödsel, det förstår man först när man behöver betala för att göda marken. Vårda gödseln, välj gödsel efter gröda och det kommer att löna sig på fälten och i trädgårdslandet.

På den hållbara gården räcker det inte med att bruka marken enligt gamla metoder. Du behöver också hushålla med växtnäringen och föra tillbaka så mycket som möjligt av näringen till jorden. I första hand använder du stallgödsel från egna djur, (brunnen och fin från året innan), i andra hand vall och trindsäd (ärter, bönor och vicker). Vallar och trindsäd är närande grödor som tillför marken kväve genom biologisk fixering. Glöm inte bort vikten av en riktig växtföljd när du odlar ekologiskt, där odlingen varvar närande grödor med tärande grödor (som vete, havre och råg) som enbart förbrukar kväve. Se vidare avsnittet *Vikten av växelbruk*, på sidan 179. Bearbeta jorden, speciellt lättare jordar, sent på hösten eller tidigt på våren och odla fånggrödor och övervintrande grödor på de fält där det är möjligt i växtföljden.

LÅT GÖDSELN BRINNA. Gödsel bör alltid brinna (ligga till sig) innan man placerar den bland grödorna. Helst bör gödsel brinna från ett år till ett annat, ju längre den brinner desto finare (mindre bitar) blir gödseln.

VÄLJA RÄTT GÖDSEL

Olika sorters gödsel har olika fördelar. De här kunskaperna har använts under lång tid i det biodynamiska jordbruket.

Svingödsel – kall och kaliumrik, anses gynna rotutvecklingen. Potatis och rotsaker växer bra av svingödsel. Även hallon, som liksom potatisen går att odla i ren sand, verkar trivas bra med grisgödsel.

Kogödsel – balanserad, kväverik och full av strömaterial och mull, stärker utvecklingen av grödans bladmassa. Kogödseln fungerar bäst till spannmål och grönsaker. När man odlar rotväxter kan man med fördel blanda gödsel från gris och ko för att gynna tillväxten både ovan och under jord.

Hönsgödsel – het och fosfortät, främjar blomning och fröbildning. Bäst till grödor vars processer sker ovan mark, alltså fruktodlingar och bärproduktion. För att undvika att hönsgödsel bränner för fort och helt enkelt skadar odlingarna kan man välja att späda hönsgödseln med koskit eller hästgödsel. Eller varför inte med gräsklipp?

Hästgödsel – varm och full av strömaterial, ett bra val i fritidsodlingen, inte minst för att den är så enkel att få tag på. Tack vare det höga innehållet av halm bör hästgödseln främst ses som ett jordförbättringsmedel med en långsiktig effekt på mullhalten. Ett tips är att samla hästgödsel i hagen eftersom den gödseln saknar det rika lagret av halm. Hästgödsel brinner fort och alstrar mycket värme. Den fungerar därför mycket bra som värmekälla i en varmbänk, se avsnittet *Odla i drivbänkar eller växthus*, på sidan 102. Kompostera den väl och sprid ut gödseln först året efter.

016
Bered djurens skinn

LAMMSKINN ÄR NOG det vanligaste, framför allt om man tänker sälja skinnen vidare. Ska du däremot använda skinnet själv kan du använda skinn från fler olika djur, som ko, får, räv och kanin. Ren, älg och rådjur ger tunna fina hudar som är bra att slöjda med.

Ett alternativ är att direkt efter slakt skicka skinnen till ett garveri som sköter hela processen från början till slut. Om du skickar iväg djuren till slakt är det viktigt att du märker djuren med »återtagshud« i djurets öronmärke. Välj helst ett garveri som garvar skinnen vegetabiliskt för att vara säker på att slippa kromrester.

Slakteriet kan stå för saltningen men du kan också salta in skinnet på egen hand. Vänta omkring en halvtimme efter avdragning så att skinnet hinner svalna innan du saltar det. Salta på köttsidan, omkring 3–5 kilo grovsalt per skinn. Sträck ut skinnet ordentligt så att det inte blir veck där saltet inte kan verka. Efter en vecka har skinnen »vattnat« ur sig och du kan göra om saltningsprocessen på nytt. Efter ytterligare en vecka skakar du av överblivet salt, rullar ihop skinnet i dubbla plastpåsar och skickar till garveriet, om du inte garvar själv.

Tvätta aldrig vegetabiliskt garvade skinn i tvättmaskinen. Skaka, borsta och dammsug i stället skinnen. Om du trots allt vill tvätta bort dålig lukt kan du använda vatten och tvål. Snåla med vattnet så att skinnet inte blir för blött. Torka skinnet luftigt i rumstemperatur. Det kan vara smart att då och då gnugga skinnet i torkningsprocessen för att förhindra att det blir hårt och styvt.

GÖR DET SJÄLV

→ Väljer du att garva själv rekommenderar jag metoden fettgarvning. Salta först in skinnet (enligt beskrivningen ovan). Samma behandling gäller oavsett om du garvar industriellt eller hemma på gården.

→ Skrapa noggrant bort alla rester av fett, hinnor och kött med hjälp av en skinnskrapa.

→ Tvätta skinnet flera gånger i ljummet vatten (max 40 °C). Slå i en skvätt såpa och låt smutsen lösas upp utan att gnugga (det förstör skinnet). Avsluta med ett par bad utan såpa för att rensa ur alla såparester i skinnet.

→ Häng upp skinnet och låt det torka (med pälsen utåt). Använd gärna en fläkt, men inte varmluft (max 45 °C), för att skinnet ska bli smidigt.

→ Avsluta torkningen när skinnet är torrt och köttsidan fortfarande uppfattas som fuktig.

→ Behandla hela köttsidan med en fettblandning: 1,5 dl rapsolja, en äggula och ett par droppar diskmedel (för att minska ytspänningen). Massera in fettet ordentligt med mjuka rörelser, gärna framför brasan eftersom värmen får fettet att smälta in i skinnet.

→ Dra skinnet rejält i olika riktningar för att strukturen ska få möjlighet att suga åt sig luft. Fortsätt ända tills köttsidan behåller sin vita struktur även efter det att du slutat dra.

→ Häng upp skinnet med köttsidan uppåt. Skinnet kan gärna hänga i upp till en vecka, men aldrig längre än 14 dagar. Då börjar skinnet torka och blir svårt att mjukgöra senare.

→ Ta ner skinnet och tvätta det på nytt, gärna i flera bad med såpa. Den sista sköljningen bör

vara i rent vatten. Var noga med att tvätta bort allt överskottsfett som annars lätt härsknar.

→ Dags att mjukgöra skinnet, en arbetsam och långsam process som syftar till att dra ut allt kvarvarande vatten ur skinnet och ersätta det med luft. Ett bra sätt är att dra skinnet över en stolsrygg, om och om igen, tills skinnet verkar mjukt och behändigt. Det tar flera timmar och du bör inte sluta förrän skinnet är helt torrt. Upprepa gärna behandlingen då och då under flera veckor.

→ Putsa till skinnets kanter med en kniv och slipa bort hårdheter på köttsidan med hjälp av en pimpsten eller finkornigt sandpapper.

→ Nu är skinnet klart och går att använda till slöjd eller hantverk.

TIPS!
Sänk inomhustemperaturen, så får du lägre uppvärmningskostnader och samtidigt användning för dina egenslöjdade fårskinnstofflor och skinnvästar.

Flera hemslöjdsföreningar, liksom många folkhögskolor, erbjuder olika sorters kurser i skinnsömnad.

017
Sy och slöjda av eget skinn

EGENTLIGEN ÄR DET inte speciellt svårt att sy i skinn. Enklast är att börja med kuddfodral, åkpåsar och kanske en kaffepåse till utflykten. Fortsätt sedan med fårskinnstofflor, västar, mössor och vantar i takt med att du lär dig hantera både skinn och symaskin.

Välj skinn som är följsamma och inte alltför tjocka för att göra arbetet lättare. Det går vanligtvis att sy i skinn med en vanlig symaskin, men skaffa en starkare nål som lämpar sig för skinnsömnad. När det kommer till detaljer som knivfodral och hölster är det bäst att använda sig av den populära skomakarsömmen.

GÖR SÅ HÄR

- → Eftersom skinn är dyrt och svårt att ersätta är det bäst i att rita upp mönster på ett papper innan man klipper i skinnet.
- → Lägg ut delarna på skinnets baksida och var noga med att kontrollera framsidan innan du klipper, för att undvika att en eventuell skinnskada hamnar mitt i ett stycke. Försök att lägga mönsterdelarna kant i kant så att du använder så stor del av skinnet som möjligt. Tänk också på skinnets riktning för att undvika att håret hamnar i olika fallriktningar.
- → Rita ut mönstret med en textilpenna och lägg till en sömsmån på omkring 5 mm.
- → Sedan är det bara att sy som om det vore tyg.

SKOMAKARSÖM

- → Ett bra tips för att mäta upp hur mycket tråd som går åt till skomakarsömmen är att ta längdytan som ska sys och multiplicera med 3 eller 4. Behöver du 10 cm söm bör du alltså klippa av en 30–40 cm lång tråd, eller längre.
- → Man använder två nålar i varsin ände av samma tråd. Sätt en trubbig skomakarnål i båda ändarna och märk ut var sömmen ska sitta. Som hjälp för att få en jämn och snygg söm kan man använda sig av en sömsporre, ett slags kugghjul som gör ett märke i skinnet var 3:e till 4:e mm. Det finns också andra sömsporrar med helt andra mått. Följ skinnkanten parallellt med sömsporren omkring 3–4 mm från kanten. Då får du enkelt en mall som är lätt att följa när du väl börjar sy.
- → Använd en syl för att sticka igenom lädret innan du börjar sy. Genom att använda en kombinationstång blir det lättare att dra igenom nålarna.
- → Trä först igenom den ena nålen och se till att du har lika mycket tråd på båda sidor om hålet. För sedan de båda nålarna genom nästa hål från varsitt håll, först den vänstra och sedan den högra. På så sätt får du två sömmar som är hållbara och som låser varandra.
- → Avsluta sömmen med att lägga på någon droppe lim och sy sedan i ett par hål tillbaka.

018
Slakta själv
GARANTERAT BRA KÖTT

NATURLIGTVIS SKA DJUREN inte lida bara för att vi väljer att slakta hemma. Sträva efter att slakta i en så naturlig miljö som möjligt. Undvik höga ljud och låt djuret lunka fram till slakt.

Ett bra sätt att få in grisen i slaktbåset är att locka med ljus. Tänd långt fram i korridoren där du vill att den ska gå och släck bakom. Sedan kan du alltid lägga fram lite mat på golvet eller i ett speciellt fodertråg. Det är viktigt att döden infaller omedelbart. Djuret får absolut inte känna obehag eller rädsla. Stress och ångest påverkar även köttets smak.

GRIS. Bedöva grisen med en bultpistol eller kulvapen. Så fort grisen faller till marken bör du sticka den så att avblodningen sätter igång. Skär av halspulsådrorna och var försiktig så att grisens nervryckningar inte skadar dig. Det ser rätt otäckt ut. Alternativet är att lämna in grisen för avlivning på ett slakteri och sedan stycka själv hemma på gården.

Så fort grisen är död behöver du skrapa bort all borst. Först måste kroppen skållas vilket är rätt arbetsamt.

Skålla på bänk: Lägg grisen på en slaktbänk och häll över varmt vatten. Tänk på att vattnet måste vara åtminstone 65 °C varmt, annars lossnar borsten dåligt. Men även alltför varmt vatten får borsten att fastna. Börja med en liten del av grisen, ös på vatten och skrapa direkt. Använd ett gammalt grytlock eller en speciell skrapa. Undvik att arbeta med en kniv eftersom den är alldeles för vass och lätt skadar svålen. Jobba helst två och två. Var så noggrann som möjligt. Huvudet kan vara svårt och då kan man i stället använda en gaslåga och bränna bort kvarstående hår.

Skålla i kar: Vattnet bör vara lite varmare än 65 °C i början, eftersom det svalnar snabbt när du lägger i grisen. Lägg i hela grisen i karet och låt den ligga i 5–10 minuter. Ta sedan upp den och skrapa direkt.

Häng upp djuret i bakbenen, ta ur det och klyv kroppen fullständigt genom att såga längs ryggradens mitt med en såg. Glöm inte att skicka trikinprov på analys innan du fryser ner köttet.

Tillåtna bedövningsmetoder för gris: bultpistol, kulvapen, hagelgevär, elektricitet och koldioxid.

FÅR OCH LAMM. Bedöva fåret med bultpistol eller kulvapen. Skär av halspulsådrorna genom att sticka fåret på sidan av halsen så nära ryggraden och skallen som möjligt och skär rakt ner mot luftstrupen. På så sätt skär man av både luftstrupe och halspulsådror.

Flå fåret försiktigt, särskilt om du planerar att ta hand om skinnet. Dra med handkraft och använd bara kniven när du försiktigt lossar skinnet från ben och senor.

Man kan behöva slå ganska hårt för att skinnet ska lossna. Är det ett fett och välmående lamm kommer skinnet att lossna enkelt men på äldre djur kan skinnet sitta riktigt hårt. Använd kniven för att lossa skinnet från ändtarm och svans. Dra sedan skinnet neråt, över huvudet och skär av huvudet så nära kraniet som möjligt. Ta ur djuret och häng upp det i bakbenen. Glöm inte att skölja av hela kroppen med rent kallt vatten innan du låter den hänga.

Tillåtna bedövningsmetoder för får: bultpistol, kulvapen, hagelvapen och elektricitet.

HÖNOR. Ett av de svåraste djuren att fånga inför slakt är hönsen, som far runt oberäkneligt. Ett bra tips kan vara att vänta tills de har satt sig på sina pinnar inför natten.

Håll hönan i båda benen och slå kraftigt med en pinne rakt över nacken för att bedöva effektivt. Man kan också lägga hönan på marken eller på en stubbe och hålla den bestämt över ryggen. Slå sedan kraftigt med en pinne rakt över nacken. Lägg hönans huvud på en stubbe och avskilj huvudet från kroppen med hjälp av en yxa. Håll hönan upp och ner i benen så att blodet kan rinna ur. Trots att hönan sprätter ordentligt är den inte vid liv. Genom att huvudet huggs av så slutar nervsystemet att fungera och fågeln dör omedelbart även om musklerna fortfarande har kvar energi som får fågeln att fara runt.

Plocka hönan så fort som möjligt och ta ur den direkt. Är du ovan kan du doppa fågeln i ett 70-gradigt varmvattenbad. Då lossnar fjädrarna enklare. Ta ur fågeln genom att sticka in kniven under skinnet längst ner på nacken och lägg ett snitt rakt upp mot halsen. Klipp av nacken med en sekatör eller kraftig kniv så nära kroppen som möjligt och ta bort halsen. För sedan in pekfingret i hålet och rotera så att inälvorna lossnar allra högst upp i kroppen. Skär upp ett snitt mellan kloaken och stjärten. Var försiktig så att du inte skadar ändtarmen. Skär runt kloaken så att den släpper från resten av kroppen. Dra ur kloaken och hela tarmpaketet genom hönans bakdel. Man kan eventuellt knyta en tråd runt tarmen så riskerar man inte att tarminnehållet kontaminerar resten av hönan. Förhoppningsvis kommer hela inälvspaketet ut, även hjärta och lever. Om inte får du sticka in fingrarna och dra ut innehållet manuellt. Skölj av hela hönan med rent vatten och frys in. Ska du använda den direkt kan du förvara hönan i kylskåp.

Tillåtna bedövningsmetoder för höns: slag mot huvudet, bultpistol, kulvapen, elektricitet och koldioxid.

TIPS!
Tänk på att hjärta och lever passar bra att äta. Man kan också koka god hönsbuljong av hönsens halsar. Spara i frysen och komplettera med fler halsar vid nästa slakt.

Tycker du det är obehagligt att slakta dina egna djur? Ett tips är då att byta djur med grannen. Du slaktar grannens djur och han eller hon tar hand om dina. Sedan kan ni enkelt byta tillbaka och äta köttet från era egna djur.

019
Köttet måste hänga för att bli mört

DE FLESTA VET att kött blir mört av att hänga svalt. Men det är inte många som vet att djuren och köttet också påverkas av foder och behandling innan slakt, och av stress i själva slaktögonblicket.

En van gårdsslaktare kan lukta sig till ett stressat kött på långt håll. För den oinvigde går det att mäta köttets pH och på så sätt avgöra om djuret varit stressat eller inte. Ett stressat djur förbränner musklernas glykogen snabbare, vilket ger ett hårt kött med högt pH-värde.

Levande djur har ett pH på mellan 7 och 7,2, ett värde som vid dödsögonblicket sjunker, för att sedan sjunka ytterligare. En vanlig testmetod brukar vara att ta ett pH-test 1 timme efter slakt, och ett andra test 24 timmar efter det att döden infunnit sig. Är det första pH-värdet högre än 5,8 så tyder det på att djuret har varit stressat. Variationer kan förekomma då värdet beror på i vilken muskel du tagit testet. Olika muskler arbetar olika hårt och de muskler som arbetar hårdast får först slut på glykogen vilket bland annat gör att likstelheten debuterar tidigare.

Efter 24 timmar brukar pH ligga på omkring 5,4–5,6. Har djuret inte varit stressat kan pH vara så lågt som 5–5,2. Detta beror på hur mycket glykogen som finns kvar i musklerna. Ju mer glykogen desto starkare syrningsprocess vilket ger ett lägre pH.

När köttet möras stiger pH-värdet igen, till mellan 6 och 6,3. Det högre pH-värdet ger en bättre vattenbindningsförmåga och passar bra till korvar, skinkor, grytor och stekar. Djurets ålder har däremot inte någon betydelse för pH-värdet.

I och med hängning av det slaktade djuret startar en fett- och proteinnedbrytning. Det är en avvägning att låta köttet hänga tills det är ordentligt mört men ändå inte ruttet. Temperaturen har stor betydelse för mörningen och det är också temperaturen som styr hur länge köttet ska hänga. En bra grundregel är att köttet ska uppnå 40 dygnsgrader vilket innebär att man delar 40 dygnsgrader med dygnsmedeltemperaturen för att få fram antalet dagar som köttet bör hänga. Exempel: Vid en dygnsmedeltemperatur på 5 °C bör köttet hänga i åtminstone 8 dagar (40/5=8).

Det är också viktigt hur köttet hängs upp. Använd en metallkrok eller vanligt snöre/rep som fästs i hälsenan på baksidan av låret. Man kan också fästa kroken i bäckenhålan, alltså i rumpan från magsidan, vilket ger mer utdragna muskler också i bakdelen och i de stora ryggmusklerna. Ju mer musklerna sträcks ut desto bättre. Har du kyl bör du sträva efter att köttet ska hänga i en temperatur av mellan 2 och 4 °C, med en luftfuktighet av omkring 85 %.

020
Lufttorka skinka
MED FÖRTROLLANDE SMAK

LUFTTORKAD SKINKA HAR blivit en succé i Europa. Numera exporteras enorma mängder lufttorkad skinka från både Italien och Spanien och man har även startat tillverkning i Sverige. Prova själv och du lär älska smakerna.

FÖRBEREDA SKINKAN. Ta ett helt baklår. Skinkan får gärna komma från en gammal fet gris med gott om fett kring benen, en sugga är att föredra. Putsa skinkan så att lårbenskulan sticker fram som en knopp. Avlägsna alla rester av blod och ledvätska och låt svålen sitta kvar. Kom ihåg att väga skinkan och skriv ner vikt och datum på en plastbricka eller plastmatta som du sedan fäster i hälsenan på grisen.

SALTNING FÖR HAND. Massera in skinkan med en blandning av salt (80 %), nitritsalt (18 %), socker (2 %) och askorbinsyra (20 gram till 5 kilo salt) Tänk på att massera in alla synliga köttbitar och var extra noga med eventuella hack eller glipor i svålkanten. Glöm inte jacket vid hälsenan. Lägg skinkan ovanpå ett centimetertjockt lager med salt på en plåt med dräneringshål i hörnen. Täck hela skinkan med salt och förvara kallt i kylskåp, inte varmare än 5 °C. Titta till skinkan ett par gånger i veckan och fyll på med mer salt om det behövs.

Skinkan bör ligga i salt 1 dygn per kilo kött. En 15 kilos skinka ska alltså ligga i salt i omkring 15 dagar.

TORKA SKINKAN. När insaltningen är klar tar du upp skinkan och sköljer av den.

Häng upp skinkan i kyl eller jordkällare som har en hög luftfuktighet (70–80 %). Sträva efter en temperatur av 5 °C. Allra helst ska kylskåpet inte ha någon fläkt eftersom det torkar ur skinkan. Jordkällaren ger däremot ofta optimala förutsättningar för att saltet ska kunna sprida sig i köttstycket. Samtidigt förlorar köttet vatten och först när vikten minskat med 20 % är den lufttorkade skinkan klar. Det tar vanligtvis 3–4 månader.

LÅT SKINKAN MOGNA. Ta ut skinkan i rumstemperatur (runt 20–22 °C). Fortsätt att dokumentera hur länge och vid vilken rumstemperatur du haft köttstycket ute. Låt skinkan hänga och mogna i en luftfuktighet av 70–80 % i 8–20 °C – ju större köttbit desto högre temperatur. En skinka på 15 kilo bör hänga i omkring 15 °C, men då och då kan du lyfta in skinkan i rumstemperatur i några timmar för att hjälpa enzymerna på traven. Häng sedan in den svalt igen. När skinkan tappat ytterligare 10 % av sin vikt (glöm inte att skriva upp vikter och

tider) ska alla öppna köttytor täckas med istersmet så att skinkan inte tappar mer i vikt. Blanda ister med maizena och peppar och chili och spritsa ut istersmeten över öppna köttpartier. Häng sedan upp den på nytt.

Knappt ett år efter slakt är skinkan redo att ätas. Då har ursprungsvikten minskat med i princip 30 %. Om skinkan luktar illa när du skär i den har köttet ruttnat (för lite salt eller problem med saltmognaden). Doftar den däremot svagt eller inget alls är den inte klar. Då är det bara att hänga upp den fuktigt i ytterligare några veckor eller någon månad. Doftar den mustigt är det bara att äta.

SALTNING MED SALTLAKE. Man kan också välja att salta in skinkan i en saltlake som täcker hela benet i en stor tunna. Risken är att saltsmaken blir för kraftig, men saltet kan sprida sig bättre. Mät salthalten med en saltometer och sträva efter en salthalt på 10–22 % i laken. Med saltometer kan du även mäta salthalten i köttet. En mild parmaskinka bör ha omkring 3,5 %. Utmaningen är att hålla en låg salthalt samtidigt som skinkan är hygienisk.

021
Röka kött och fisk

I TUSENTALS ÅR har människor världen över använt rökning som ett sätt att bevara kött och fisk. Rökningen konserverar köttet, torkar ur fibrerna och bevarar köttets arom. Förr i tiden var saltning ovanligt. Salt kostade pengar och fattiga människor hade helt enkelt inte råd att köpa salt. Men numera kombinerar man ofta rökning med insaltning och får på så sätt ett hållbart kött som också har sältans alla fördelar. Perfekt för svettiga fjällturer eller hårda arbetspass på gården.

Kallrökning är generellt den bästa metoden för att bevara kött och fisk. Det är en långsam process som pågår i mellan ett par timmar upp till 3–4 dygn beroende på vad som ska rökas. Det är viktigt att rökgastemperaturen hålls runt 20–25 °C, inte över 30 °C, eftersom det då finns risk för att köttet blir varmrökt. Målsättningen är att röken ska tränga in omkring 1 mm i timmen vilket innebär att en 40 mm tjock köttbit tar cirka 20 timmar att röka (röken jobbar från två håll). Köttet kan gärna hänga i några dagar efter slakt, och sedan stoppas rakt i röken.

Varmrökning är den vanligaste varianten av rökning i hemmiljö. Varmrökt kött blir snabbt klart men härsknar lika fort. Temperaturen bör ligga mellan 65 och 93 °C vid varmrökning, men det finns förespråkare som varmröker i 50 °C med bra resultat. Det är lite en fråga om hur köttet ska vara när det är klart. Ju varmare desto större sannolikhet att köttet också »kokar« vilket ger ett helt annat slutresultat.

Salta och rimma: Att rimma kött eller fisk med salt (gnida in saltet manuellt) är ett bra sätt att få en karaktär av sälta. Man kan också göra en saltlake och låta köttet eller fisken ligga i laken innan rökning: Blanda 1 liter vatten med 1 dl salt. Om du vill bryta smaken något kan du också hälla i omkring 1 msk socker. Blanda runt ordentligt och låt allt koka upp. Hur länge köttet ska ligga i saltlake är en smaksak. Allt från ett par dagar upp till flera veckor.

Röka med spån eller ved? Själv föredrar jag ved av al, björk, ek eller asp, men det finns andra som föredrar spån av samma träslag. Det går att använda hyvelspån eller sågspån.

Förvaring: Varmrökt fisk eller kött håller i omkring en vecka i kylskåp eller jordkällare. Om du däremot först torkar och sedan varmröker köttet kan det hålla i uppemot en månad. Kallrökt kött håller i flera månader, i synnerhet om det också torkats eller saltats.

Tänk på att allt torkat och rökt kött ska förvaras svalt, mörkt och torrt.

022
Stoppa korv
KLASSISKA RECEPT

EGENTLIGEN PASSAR VILKEN färs som helst till korv. Knepet för att lyckas med korven är att hålla fetthalten lagom hög i smeten. Är fetthalten för hög smakar korven sämre och är den för låg kan färsen bli svårhanterlig och torr. Som fettbas kan man använda sig av talg, ister eller vanligt bacon.

För att stoppa korv behöver man en korvspruta, en korvtillsats till hushållsassistenten eller en spritspåse med tillhörande munstycke. Önskar du en grövre struktur kan du mala färsen grövre.

Ett bra tips är att provsmaka färsen innan du börjar stoppa korven. Ta då en matsked färs och stek smakbiten i en stekpanna. Först då kan du avgöra om det behövs mer kryddor eller om strukturen är rätt. Att smaka av den råa smeten är inte att rekommendera, varken av hälsoskäl eller smakskäl. Försök att hela tiden hålla färsen kall. Om det blir för varmt vandrar fettet ur färsen, vilket ger en grynig korv.

GÖR EGNA FJÄLSTER. Vanligtvis använder man fjälster från gris, får och nöt. Lammfjälster är däremot tunna och går lätt sönder. Skölj tarmarna noggrant med vatten upprepade gånger. Vänd ut och in på tarmarna och skrapa bort tarmluddet med hjälp av en slö bordskniv. Luddet sitter ofta hårt så man får vara försiktig så att man inte skadar fjälstret. Det enklaste sättet att vända tarmarna är att använda sig av vattenslangen. Skär i långa fjälsterlängder för att underlätta korvstoppningen. Man kan naturligtvis frysa in fjälsterlängderna tills de ska användas men det är bättre att använda fjälstret direkt. Man kan också förvara fjälstret i ett saltbad.

CHORIZO PÅ ÄLGFÄRS

Till ca 1,5 kg färdig korv
- 1,4 kg grovmalen älgfärs
- 200 g fint hackat vildsvinsfett
- 4 msk paprikapulver (gärna rökt)
- 2 msk chilipulver
- 6 vitlöksklyftor, skalade och rivna
- 3 tsk nitritsalt
- 1 tsk grovmalen svartpeppar
- 1 tsk kummin, rostad och mald i mortel
- ½ tsk malen koriander
- 1½–2 dl rött vin
- vatten till spädning
- 3 meter svinfjälster

Blanda alla ingredienser i en bunke och provstek en bit färs innan du kopplar korvsprutan. Fyll fjälstret med smet och knyt lagom stora korvar med hjälp av steksnöre. Låt gärna korvarna vila över natten i kylen innan du lägger dem på grillen. De kan även frysas in direkt. Har du möjlighet så rök gärna korvarna lätt i mellan 15 och 30 minuter. Det ger en fin smak med djup karaktär.

KLASSISK BRATWURST

Till ca 1 kg färdig korv

1 kg grovmalen fläskkarré
1 gul lök, finhackad
2–3 vitlöksklyftor, finhackade
½ msk socker
1 msk mejram
½ tsk malen ingefära
½ tsk malen koriander
1 tsk grovmalen svartpeppar
1 msk salt
1 dl mjölk (standardmjölk)
3–4 meter svinfjälster

Blanda alla ingredienser i en bunke och provstek en bit färs innan du kopplar korvsprutan.

Stoppa korvsmeten i svinfjälster och knyt 20 cm långa korvar med hjälp av steksnören.

Lägg korvarna i 80-gradigt vatten och låt dem ligga i vattnet i 15 minuter. Svalnar vattnet alltför fort tillsätter du lite mer varmt vatten. Kyl sedan ner korven på nytt i kallt vatten.

Förvara i frysen eller lägg direkt på grillen. Man kan koka, grilla eller steka bratwursten och servera till sallad eller i bröd.

023
Egen färs av lamm, nöt, gris och vilt

I ALLA TIDER har människor malt de köttstycken man inte kunnat använda till något annat till färs. Det är själva grundidén med köttfärs, att ta vara på så mycket som möjligt av djuret och spara de bästa delarna till rena stekar och göra grytor och färs på sämre bitar.

Att använda mellanbitar och slamsor till köttkvarnen är bra på flera sätt – för klimatet, miljön och vår möjlighet att vara självförsörjande. Så lyssna inte på dem som anser att köttfärs ska malas av djurets premiumbitar. Tänk bara på att köra köttet åtminstone två gånger genom kvarnen för att minska risken för att seniga bitar glider igenom.

GÖR SÅ HÄR. Oavsett vilket kött du ska mala så handlar det om att finfördela köttet och blanda bättre och sämre bitar om vartannat. Mal alltid färsen två gånger då det är stor skillnad på första och andra gångens färskonsistens. Vill du ha en fetare färs tillsätter du fett från djuret eller fläskfett. Bäst resultat får man om man kryddar färsen först vid tillagning. Behöver färsen stabiliseras kan man tillsätta några kokta potatisar, havregryn eller ströbröd.

LAMM. Tack vare sin låga fetthalt (omkring 15 %) är lammfärsen optimal till biffar, köttbullar, färsspett och saftiga lådor. Klassiska lammfärsrätter är pannbiffar, grekisk moussaka, köttfärslimpa, köttfärsspett och en lång rad olika maträtter från Indien, Mellanöstern, Balkan och Grekland.

NÖT. Till skillnad från fläskfärs är nötfärsen mindre känslig för mikroorganismer och lämpar sig för en lång rad maträtter som råbiff och lasagne.

Vanligtvis innehåller nötfärs 10–15 % fett. Nötfärs som ska användas till hamburgare ska röras så lite som möjligt för att hamburgarna ska bli så luftiga som möjligt. Ett bra tips för att få smetigare färser är att blanda in ströbröd och vatten, kokt potatis eller havregryn.

BLANDFÄRS (NÖT OCH FLÄSK). En bra variant till dyrare nötfärs och fetare fläskfärs. Genom att blanda 50 % nöt- och 50 % fläskfärs får man en bra konsistens som lämpar sig till rätter som pannbiff eller köttbullar där man behöver en smidig fuktig färs som inte faller isär.

FLÄSKFÄRS. Den fetaste färsen av dem alla (20–25 % fett). Passar ypperligt till kålpudding, järpar och kåldolmar. Funkar också bra till kinesiska rätter som dumplings och vårrullar där färsen tack vare sin feta konsistens håller ihop de tunga dumplingsknytena.

VILT. Det går utmärkt att mala både älg, rådjur, vildsvin och hjort. Generellt sett är viltfärs den bästa färsen på marknaden, i synnerhet om du gör den själv. Fettsnål (omkring 5 %) med ett brett användningsområde. Funkar lika bra till viltfärsbiffar som till lasagne och köttfärssås.

Tycker du att viltfärsen faller isär kan du alltid blanda i en liten del fläskfärs. Själv brukar jag lägga i ett ägg för att få en smidig färs som är lätt att hantera.

024
Vilt på tallriken

ALLT FLER VILL ha vilt på middagstallriken, men trots många jägare är det fortfarande svårt att köpa viltkött om man inte jagar själv. Är gården för liten kan du gå med i traktens jaktlag, eller helt enkelt delta i jaktlaget bara för att det är roligare än att jaga ensam. Halva upplevelsen med att jaga är umgänget med andra.

Är du ny i jaktsammanhang bör du börja med att jaga med hagelvapen. Den jakten är enklare, mindre beroende av utrustning och omfattar flera olika jaktformer. Det behövs inga speciella kläder för att jaga. Klä dig bekvämt i oömma kläder som inte prasslar. Tänk på att det snabbt blir kallt och att regnet kan få den finaste dagen att bli iskall. Glöm inte termosen och en låda mackor.

För att beviljas licens för jaktvapen krävs att du har en godkänd jägarexamen. Du måste även betala en årlig viltvårdsavgift som staten utfärdar, det så kallade jaktkortet. Så fort du äger en jord- eller skogsfastighet är du i praktiken jakträttsinnehavare.

Man kan hyra eller låna ut nyttjanderätten till andra, men det är alltid markägaren som har den juridiska jakträtten. Jaktsäsongen skiljer sig över landet och går att läsa om i Jägareförbundets jakttidtabell.

Olika sorters jakt lämpar sig för olika sorters miljöer och beror på vilken typ av mark du har till förfogande. Medan vakjakt och smygjakt passar för skogslandskapet, är klassisk trampjakt ett spännande inslag i jordbrukstrakter. Där vandrar man över fälten på vintern med vapnet (hagel) i färdigställning och väntar på att haren ska springa upp.

LÄMPLIGA DJUR ATT JAGA: Hare, fasan, gås, änder, rådjur, hjort, vildsvin och älg. Allt klövvilt (utom rådjur) måste skjutas med kulvapen.

VÄRLDSNATURFONDENS KÖTTGUIDE
Världsnaturfonden (WWF) listar i Köttguiden olika sorters kött, i syfte att hjälpa konsumenter att göra mer medvetna val. De kategorier som bedöms är biologisk mångfald, bekämpningsmedel, djurens välfärd och klimatpåverkan. Viltkött får bäst värden, följt av KRAV-certifierat kött från i första hand Sverige. Konventionellt kött får betydligt sämre värden.

025
Beskär träd och släpp in ljuset

MÅLET MED BESKÄRNINGEN är att släppa in ljus och luft i trädets mörker. Ibland kan det räcka med att ta bort en stor gren och ibland krävs omfattande beskärning för att uppnå rätt ljusförhållanden. Ett bra knep är att då och då ta ett steg tillbaka och beskåda arbetet på håll. Då ser man var trädet är tätt och var man kan klippa bort olämpliga grenar.

När du ska beskära sina fruktträd beror dels på när du har tid, dels på vilken effekt du vill ha. På vintern är bra av tidsskäl – det är få måsten i trädgården, medan JAS-beskärning (juli–augusti–september) är ett bra sätt att få resultat direkt, glesa ut en tät krona och minska kraften till nya skott. Själv brukar jag klippa träden när andan faller på eller under en solig dag på vårvintern. Ett vanligt fel är att man beskär för hårt, vilket får sovande knoppar att titta fram både här och där. En balanserad vårbeskärning – precis då knopparna spricker upp ur sitt skyddande skal och solvärmen trycker undan vinterns fukt – ger en luftig krona och en större tillväxt med nya skott.

KASTA KEPSEN. Ett gammalt tips är att kasta kepsen genom grenverket när beskärningen är klar. Fastnar kepsen är trädet fortfarande för tätt, men faller den rakt igenom har man gjort ett bra arbete.

SÅGA PÅ RÄTT SÄTT. En vanlig orsak till att träd drabbas av sjukdomar och dör i förtid är att grenar sågats av på ett felaktigt sätt. Principen är att såga av grenen precis utanför grenkragen, där grenen fäster in mot stammen. Där är läkningsförmågan optimal och savströmmen förser det skadade området med näring. Skär man för nära stammen ökar risken för rötangrepp och skär man för långt ut (5–10 cm) drabbas ofta grenstumpen av svamp som kan sprida sig långt ner i stammen. Såga först av grenen långt ut (för att undvika fläkskador) och lägg sedan ett nytt snitt nära stammen, i samma lutning som den kvarsittande grenen.

LJUS OCH LUFT. Sträva efter att släppa in ljus och luft i trädets hela krona. Ta bort grenar som går inåt i kronan. Grenar ska växa utåt och aldrig in mot trädets mitt. Öppna upp mot söder och beskär hellre försiktigt och komplettera med en sommarbeskärning än att kapa allt på en enda gång.

Behåll vågräta och svagt uppåtväxande sidogrenar, speciellt grenar i lagom plockhöjd. Ta bort vattenskott (de långa årsskotten som utgår från trädets grova grenar) och allt annat som växer brant och aggressivt rakt upp mot himlen. Glöm inte lågt växande grenar som dels gör gräsklippningen besvärlig, dels riskerar att tyngas ner mot marken när frukten mognar och gör grenen tung.

SAMLA YMPRIS. Beskär du träden på vintern så är det ett bra tillfälle att samla ympris, innan våren får knopparna att vakna. Se avsnittet *Ympa egna fruktträd*, på sidan 66.

026
Ympa egna fruktträd

OAVSETT VAR I landet du bor är det bäst att ympa träden först när saven har börjat stiga och barken släpper lätt från grenarna. Däremot behöver man inte ha så bråttom då det oftast går att ympa under hela våren, så länge saven fortfarande stiger. I Stockholmstrakten kan du börja ympa runt den första maj men längre söderut, under en varm vår, kan man börja ympa redan i mitten av april.

Planerar du att anlägga en ny fruktodling är ympning det mest effektiva sättet att hålla nere kostnaderna. Åtminstone om det handlar om ett stort antal träd är det mycket billigare att ympa själv. Det kan även vara kul med flera olika sorter i ett enda träd. Köp grundstammar som sedan ympas med den sort du önskar. Många använder A2 till större äppelträd och B9 till mer svagväxande äppelträd.

Ympris tar du innan knopparna slår ut. Klipp av grenar och lägg i fuktigt tidningspapper så kallt som möjligt (kylskåp eller kallt uthus). Tänk på att det behövs 2–4 knoppar på varje kvist för att ympningen ska lyckas.

Är grundstammen vaken, då saven stiger och löven har börjat spricka ut, kan man använda *barkymp*. Då ympar man i stället in kvistar på en grövre gren där barken skärs upp och lossas en bit från träytan. Det är viktigt att ympriset fortfarande är i vila (tack vare förvaring i kylskåp) för att ympningen ska lyckas och kvisten snabbt ta del av trädets sav.

Planera för hur trädet ska se ut när du ympar. Genom att planera var grenarna kan växa till sig blir beskärningsarbetet enklare under kommande år.

Är både grundstammen och ympriset i vila kan man med fördel använda sig av en *skarvymp*. Klipp sneda ändar på både kvist och ympris, sätt ihop och förbind med ympvax och bast, gummiband eller avklippt cykelslang. Det är viktigt att ympvaxet täcker alla snitt (men inget vax på själva snittytan) för att förhindra uttorkning.

GÖR SÅ HÄR

Barkymp:
1. Håll ympkvisten stadigt mot kroppen och tälj bort halva kvistens bredd i längdriktningen. Det ska vara 2–4 knoppar kvar på kvisten som sedan ympas in i värdträdet. Har du svårt med att hantera ympkniven är det bra att träna på en kvist av rönn. Snittet bör vara 2–4 cm långt.
2. Klipp av en lite tjockare gren på värdträdet (såga om den är alltför tjock). Stick in en kniv under barken och gör ett snitt, inte för djupt men tillräckligt stort för att ympkvisten ska kunna stickas in under barken.
3. Sätt två eller tre ympkvistar i samma gren. Då är sannolikheten större att åtminstone en av grenarna etablerar sig. Först året efter kan man såga av de grenar som inte behövs.

Skarvymp:
Du kan också ympa i en smalare gren på värdträdet genom att skära ett liknande snitt som du redan gjort på ympkvisten och sätta samman de båda grenarna mot varandra. Snöra fast ympkvistarna med bast, gummiband eller en bit avklippt cykelslang. Täck snitten med ympvax för att förhindra angrepp av skadedjur och uttorkning.

TIPS!

Tänk på att inte låta vinteräpplena sitta kvar på trädet för länge. Man måste skörda långt innan frosten sätter sina tänder i äppelträden.

Vattna ordentligt under de första 4–5 åren efter plantering då träden är extra känsliga för torka. Det är också viktigt att hålla rent från ogräs runt stammen under samma tid för att gynna trädets tillväxt.

027
Fruktträd som håller måttet
ÄPPLE, PÄRON, KÖRSBÄR, PLOMMON

NÄR DU PLANERAR din fruktträdgård måste du först bestämma vilken typ av frukt du vill ha: tidiga sorter eller sena vinteräpplen? Eller längtar du efter fantastiska matäpplen som passar lika bra till äppelmos som till pajer och efterrätt?

Tänk på att sprida ut fruktträden så att skörden pågår under hela höstsäsongen. Sommaräpple, augustipäron och bigarråer ger stora smakupplevelser på sensommaren. Satsa på 3–5 olika sorters äpplen för att kunna njuta av färsk frukt redan i augusti och långt fram på senhösten. Man kan också ympa in olika sorter på samma träd om det saknas utrymme i trädgården. Låt inte träden växa sig alltför stora. Det är svårt att beskära och ympa fruktträd som växer sig fem, tio meter höga och det är besvärligt att plocka ner frukten från höga träd. Medan både sommaräpple, päron, körsbär, plommon och bigarråer allra helst äts direkt från trädet behöver vinteräpplen lagras svalt i några veckor för att äpplet ska utveckla smak och sötma.

Sträva efter att välja härdiga sorter som både står emot sjukdomar och ger en bra skörd. Det kan vara svårt att hitta bra och friska vinteräppelsorter som klarar ett tuffare klimat än zon 3, då kylan kommer så pass tidigt att frukten inte hinner mogna.

Härdiga äppel- och päronsorter

Aroma, klassiker som ger ett stort träd med ett utbrett växtsätt och långa grenar. Frukten är stor med en gul grundfärg och en röd täckfärg. Skördas i september–oktober och kan lagras i ett par månader fram på hösten. Härdig till och med zon 3.

Discovery skördas från början av september och kan sparas i någon månad. Bildar ett litet träd med stora frukter. Erkänt tålig mot skorv. Härdig till zon 4.

Fredrik är en korsning mellan Aroma och en amerikansk skorvresistent selektion. Blir ett medelstort träd med medelstor frukt, gulgrön med orangeröda strimmor. Skördas i slutet av september, ätmogen en månad senare. Med rätt förvaring håller den ända fram till mars/april. Resistent mot skorv och sorten har en god motståndskraft mot andra skadegörare. Härdig till zon 4.

Transparente Blanche mognar tidigt (augusti) med en grönvit, senare gröngul frukt med tydliga åsar runtomkring. Syrligt fruktkött som passar bra till mos. Härdig till zon 6.

Rescue mognar redan i augusti och passar därför bra i Norrland. Små (omkring 4 cm i diameter), vackert röda frukter som passar bra till mat.

I stora delar av landet är det svårt att odla *päron* eftersom päronträden är mycket känsligare än all annan frukt vi odlar. Generellt är päron mindre tåliga än många äppelsorter och man ska absolut inte förvara dem tillsammans.

Tips på päronsorter: *Augustipäron, Carola, Ingeborg* och *Fritjof*.

Plommon och körsbär

Till skillnad från äpplen och päron är plommon ofta självfertila. Plommon har heller inte lika stora krav på jordmån som till exempel äpple, och växer bra på både lätta och tyngre jordar. Är det alltför mycket sand i jorden bör man öka näringstillförseln något.

Körsbär trivs däremot bäst i kalkrik genomsläpplig jord.

Härdiga plommonsorter: *Opal, Violeta* och *Tunaplommon*.

Sötkörsbär (bigarråer): Välj självfertila körsbärssorter som *Lapins* eller *Fryksås*.

028
Förgyll vintern med olika sorters bär

JORDGUBBAR, HALLON, SMULTRON, vinbär, krusbär, björnbär och blåbär – alla gör de trädgården mer lockande för både små och stora. Ät så mycket ni orkar och frys in resten för en färgrik vinter.

Köp tåliga sorters bär som är certifierade och står emot angrepp. Olika sorter lämpar sig för olika regioner och odlingszoner, men minst lika viktigt är mikroklimatet som råder där du odlar.

Har du egna plantor kan du själv föröka busken: Böj ner ett ungt skott på marken och täck det med jord. Lägg över en liten sten, så att skottet inte fjädrar upp, och vattna då och då under säsongen. Året efter har skottet bildat egna rötter och du kan enkelt skilja den nya plantan från moderplantan och plantera den var du vill.

Jordgubbar förökar man genom att ta en »reva«, som växt ut från plantorna och bildat egna rötter, och sätter den rakt i marken.

Bärväxter gödslas måttligt, för att inte premiera stora blad framför mycket frukt. Använd gärna aska och sprid längs stammarna. Plantorna kräver också mycket sol och vatten för att bilda söta goda bär. Marktäckning kan vara bra för att hålla marken fuktig. Undvik att vattna på kvällarna då det gynnar svampsjukdomar.

Försök att hålla jorden under bärbuskarna fri från ogräs. Ogräset stjäl både vatten och näring och ger en minskad skörd med mindre bär. Speciellt smultron och jordgubbar är känsliga för konkurrens. Lösningen heter marktäckning med gräs, bark, flis, gamla tidningar eller till och med gamla trasmattor eller heltäckningsmattor.

BLÅBÄR. Trädgårdsblåbär eller amerikanska blåbär har snabbt blivit populära. En enda buske kan bli uppemot 70 cm hög och ge 5 liter vitaminrika blåbär per säsong. Har man då 10 buskar blir skörden rätt omfattande. Perfekt för att förgylla frukosten under mörka vintermånader eller för att göra goda juicer och härliga smoothies. Trädgårdsblåbären kan med fördel sättas som en häck med ett radavstånd på omkring 1 meter.

Tips på sorter: *Emil, Putte, Northblue*.

HALLON tillhör trädgårdens och skogens nyttigaste bär. De innehåller fibrer, järn, A- och C-vitamin, och är dessutom rika på antioxiderande polyfenoler och oxytocin som gör oss avslappnade. Ät dem färska eller frys in till saft, sylt och goda krämer som kan förgylla vintern.

Byt ut plantorna efter omkring 10 år. Ju mer kompost och mullämnen som du tillför under tiden desto längre kommer plantorna att hålla. Ta egna rotskott och föryngra beståndet, eller köp nya plantor om du är osäker på om hallonbuskarna är friska. Så fort skörden är över skär du bort alla grenar som burit frukt under året. Gallra årsskotten och spara inte mer än 10–12 skott per löpmeter. Hallonen förökar sig tätt, och utan luft och ljus blir skörden mindre.

Redan på våren kan du toppa de nya skotten om de är högre än en manslängd. Bind sedan ner skotten i en båge mot en ställning så kommer solen till bättre och du kan njuta av en större skörd.

Tyvärr angrips hallon ofta av olika virussjukdomar. Några exempel är hallonängerns larver, hallonfluga och – värst av allt – hallonskottssjukan. Har du problem med återkommande skadedjur kan det vara läge att ta bort hallonen och i stället satsa på hösthallon som är betydligt mer tåliga och ger en säker skörd.

Tips på sorter: *Preussen, Algonquine, Ariadne* och *Glen Prosen*. Blanda gärna några olika.

JORDGUBBAR. Sommarbäret nummer ett. Jordgubbarna innehåller mängder med antioxidanter och också rikligt med folat, B- och C-vitamin, magnesium och jod. Välj i första hand motståndskraftiga sorter och odla gärna i upphöjda bäddar. Sträva efter små plantor, mycket ljus och god bevattning. Gödsla inte överdrivet mycket, det ger frodiga plantor med stora bladverk, som i sin tur ger en bra miljö för skadeangrepp av mögel och i synnerhet sniglar. Undvik marktäckning tidigt på säsongen för att minska risken för gråmögel. Men så fort karten hänger ner mot marken kan du med fördel marktäcka jorden och få ett rent och fuktbevarande jordgubbsland. Har du ett litet jordgubbsland kan du lägga ut en stor duk med svart väv och sedan sätta små kryss i väven på lämpligt avstånd och trycka ner jordgubbsplantorna rakt i marken. På så sätt får du rena bär och slipper ogräs.

Jordgubbsplantorna behöver förnyas och flyttas vart fjärde till vart sjätte år. Ta egna revor till nya plantor och börja om från början ett stycke bort. Undvik att odla jordgubbar på samma plats med tätare intervaller än i din ordinarie växtföljd. Har du fått sjukdomar i odlingen är egna revor inte att rekommendera. Köp då i stället nya plantor och börja om från början.

Skadedjur och angrepp: öronvivel, jordgubbsvivel, gråmögel, mjöldagg.

Tips på sorter: motståndskraftiga sorter som *Dania, Bounty* och *Kent* (tidig).

KRUSBÄR. Härliga bär om du får tag på rätt sort, en del drabbas hårt av mjöldagg. Innehåller höga värden av C-vitamin och kalcium, fosfor och B-vitamin. Växer busken bra så behövs ingen gödsel. Växer den sämre kan du gödsla med aska och kompost.

Skadedjur och angrepp: krusbärsstekel och mjöldagg, som övervintrar i buskens knoppar och är svår att få bukt med.

Tips på sorter: *Martlet* zon I-III och *Lepas* zon I-IV (båda med stora röda bär), *Jacob* zon I-IV (gulgröna bär).

VINBÄR. Förmodligen den mest härdiga bärsorten av dem alla. Växer i princip överallt, även långt upp i norr. Trivs som allra bäst i fuktighetsbevarande och mullrik jord. Röda vinbär vill ha det soligt medan de svarta vinbären föredrar ett halvskuggigt läge. Gödsla sparsamt med stallgödsel eller gräsklipp och toppa med lite aska från brasan. Efter 3–4 år kan du börja beskära buskarna, som annars lätt växer i omfång. Klipp i första hand bort grenar som riskerar att hänga ner mot marken. Kapa grenarna så nära basen som möjligt för att minska risken för angrepp. Vinbär är framför allt rika på C-vitamin, E-vitamin och kalium.

Skadedjur och angrepp: bladlöss, mjöldagg, vinbärsgallkvalster, som kan sprida reversion, en virussjukdom som leder till att buskarna blir sterila.

Tips på sorter: *Röda Holländska* (röda), *Storklas* och *Öjebyn* (svarta).

BJÖRNBÄR. Växer vilt ända upp till Mälardalen. Rika på C-vitamin, K-vitamin, folsyra och mangan. Välj en taggfri sort och plantera dina björnbär i en solig varm del av trädgården, helst mot en södervägg eller mot en spaljé där busken kan klättra. Skilj på årsskott och fjolårsskott eftersom björnbärsbusken ger skörd under andra året. Du kan då låta ettårsskotten ligga kvar på marken och binda upp fjolårsskotten på spaljén för att optimera skörden. Först till hösten klipper du bort alla grenar som gett bär, och våren efter binder du upp föregående årsskott i spaljén och börjar om. Var försiktig med kvävetillförseln – som gynnar gråmögel – och förebygg genom att gallra i buskaget för att släppa in luft och ljus.

Skadedjur och angrepp: då och då gråmögel.

Tips på sorter: *Douglas*, *Jumbo* och *Black Satin*.

SMULTRON. Barnens favorit och en klassiker uppträdd på grässtrå. Undvik revande sorter och plantera månadssmultron (som inte revar sig) kring rabattkanter och köksträdgård. Smultron tål torka bra, men om du vill ha en hög avkastning gör du bäst i att vattna ordentligt. Förnya revande sorter genom att ta en reva och plantera på nytt. Månadssmultron är en perenn som kan delas och grävas ner på en ny plats.

Skadedjur och angrepp: i ovanliga fall smultronlövbagge.

Tips på sorter: *Rügen* eller *Linnés norrlandssmultron*.

029
Bevara skörden

FRYS IN FRUKT OCH GRÖNT

NÄR DET KOMMER till självhushållning är frysboxen en fantastisk vän som förlänger säsongen. Utan möjlighet att sylta, safta, förvälla och frysa skulle det vara mycket svårt att klara sig själv, även i södra Sverige. Tack vare frysens intåg kan vi numera njuta av sommarens och höstens ljuva smaker mycket längre.

→ Tänk på att bara frysa in produkter av hög kvalitet.
→ Planera redan från början hur mycket majs, bär eller svamp du ska lägga i varje påse, burk eller vakuumförpackning.
→ Vakuummaskiner som suger ut allt syre ur förpackningen är numera både billiga och prisvärda. Du kan enkelt vakuumförpacka allt som ska hamna i frysen, även svamp.
→ Det är bättre med små portioner än stora då man enkelt kan tina två förpackningar om man behöver mer mat än vanligt.
→ Glöm inte att märka upp allt du fryser in med tydliga etiketter för innehåll och datum.
→ Oftast behöver man inte så stora portioner som man tror. Ge hellre bort delar av skörden redan på hösten.
→ Bär, frukt och stora svampar lämpar sig bra för styckfrysning: Lägg bär eller svamp på en bricka och ställ i frysen. Efter ett dygn kan du lägga samman allt i en enda påse utan att det fryser ihop till en klump.
→ I stort sett all frukt kan frysas i burkar eller påsar, gärna med en sked socker för att öka hållbarheten. Blåbär, hallon, björnbär och plommon funkar bra i frysen liksom körsbär och bigarråer. Glöm inte att skära både plommon och körsbär på mitten och avlägsna kärnorna innan djupfrysning. Skiva gärna jordgubbarna.
→ Vänta inte för länge med att skörda bönor, de blir lätt trådiga, faktiskt på bara några dagar. Förväll gärna bönorna före frysning: Skär av ändarna och lägg bönorna i kokande vatten. Det tar någon minut innan vattnet kokar på nytt och då är det dags att ta upp bönorna och sila bort vattnet. Lägg dem omgående i kallt vatten för att avbryta tillagningsprocessen. När allt har svalnat kan du lägga dem i en påse, avlägsna luften och förslut väl.

030
Koka äppelmos

MED HELA TRÄDGÅRDEN full av äpplen är mos ett bra sätt att ta hand om skörden. Lika gott i en tallrik fil som på toppen av vinterns havregrynsgröt.

Liksom för de flesta saftningar och syltningar gör man skillnad mellan mos som ska förvaras i rumstemperatur och äppelmos som ska frysas in. Vid frysning behövs sällan några konserveringsmedel och betydligt mindre socker. Därför gör jag alltid mos att förvara i frysboxarna i källaren. Och moset håller utmärkt i kylen när burken väl kommer upp på frukostbordet.

MORMORS PASSERADE ÄPPELMOS

3 kg syrliga äpplen
5 dl vatten
5 dl socker
3 krm askorbinsyra

1. Skölj äpplena och ta bort blomfnasen och skaftet.
2. Klyfta äpplena och lägg dem i en stor gryta. Tillsätt vattnet, koka upp alltsammans och låt det sjuda långsamt under lock tills äpplena är mjuka. Var försiktig så att äpplena inte bränner fast i botten.
3. När allt är mjukt kör du äppelblandningen genom en passertillsats till assistenten. Man kan också använda sig av en matberedare med passertillsats. Lägg moset i en rengjord gryta, koka upp och tillsätt sockret. Låt koka i åtminstone 10 minuter på svag värme. Rör då och då så att äppelmoset inte bränner fast.
4. Häll upp en liten burk med mos och rör ut askorbinsyran i äppelmoset. Rör ordentligt så att askorbinsyran löser sig. Tillsätt sedan blandningen i den stora grytan med mos.
5. Låt svalna och fyll väl rengjorda burkar. Tänk på att inte fylla ända upp till kanten eftersom äppelmoset sväller när vattenkristallerna blir till is. Förvara moset i frysen.

031
Koka saft
SOM PÅ MORMORS TID

ATT KOKA EGEN saft är somrigt, gott och bra för tänderna. Till skillnad från saft som säljs i butikerna består hemgjord saft av ekologisk frukt (odlad på gården) och bara en bråkdel så mycket socker. För att slippa konservera saften kan man förvara den i frysen.

Koka så mycket saft du tror att du behöver och häll upp den på små petflaskor som du har sköljt ur och diskat så noga det bara går. (Med glasflaskor finns risken att de spricker i frysen.)

SATSA PÅ FRYSEN. Med två rejäla frysboxar i källaren kan du ta hand om både saft, sylt, färska bär och stora mängder kött. För att inte tala om kålrot, örter, sparris och hembakt bröd.

KOKT JORDGUBBSSAFT

Till omkring 4 liter saft
8 liter färska jordgubbar
1 liter vatten
5 dl socker per liter avrunnen saft (kan med fördel minskas till hälften om saften ska frysas)
1 krm natriumbensoat per liter avrunnen saft (går att utesluta om saften ska frysas)

→ Rensa och skölj bären och koka upp vattnet i en gryta innan du lägger i bären.
→ Koka under lock i åtminstone 10 minuter. Kläm då och då sönder bären mot grytans kant med hjälp av en slev så att smaken frigörs på bästa sätt.
→ Ös över bärmassan i en silduk och låt saften rinna ner i en gryta under. Pressa ur den sista saften med handen.
→ Låt saften koka upp. Tillsätt socker och eventuellt natriumbensoat. Koka upp saften igen. Skumma av med en slev och låt saften svalna innan du häller den på flaska. Förvaras i frysen.

FLÄDERBLOMSSAFT

Till omkring 2,5 liter saft
40 blomklasar fläder
3 citroner
2 liter vatten
1 kg socker
50 g citronsyra

→ Skölj blomklasarna och lägg dem i en stor metallhink.
→ Skölj citronerna noga (använd ekologiska citroner), skiva dem tunt och lägg dem över fläderblommorna. Koka upp vattnet och häll det varma vattnet över både citroner och fläderblommor.
→ Tillsätt sockret och rör tills allt socker har löst sig. Rör i citronsyran och täck med lock eller plastfolie. Låt stå i kylskåp i åtminstone tre dygn, gärna uppemot en vecka. Rör varje dag.
→ Ta ut saften ur kylen, häll allt i en silduk och låt saften rinna ner i en bunke under.
→ Häll upp på väl rengjorda petflaskor och förvara i frysen.
→ Testa att lägga i en kanelstång eller lite riven ingefära för att förstärka smaken av fläder och ge saften en spännande smak.

TIPS!
Vill du inte musta på egen hand kan du vända dig till ett lokalt musteri som tar emot frukt från privatpersoner. Där kan du även få musten på bag-in-box. Tänk på att välja ett musteri som skiljer på dina och grannens äpplen. Det är så klart roligare att dricka must från sina egna äpplen än från ett musteri som blandar alla äpplen i en enda produktion.

032
Gör must av dina äpplen

SMÅ ÄPPELTRÄD BRUKAR i full skörd ge någonstans mellan 20 och 60 kilo äpplen per träd medan stora kraftiga äppelträd mycket väl kan ge flera hundra kilo färdig frukt. Ett bra sätt att bevara skörden är att göra äppelmust av det man inte orkar äta upp. 100 kilo äpple brukar innebära omkring 50 liter drickfärdig must, lite beroende på sort, vattenhalt och tid på året. Oavsett om du mustar alla äpplen eller enbart frukt med skador och skavanker brukar mustskörden bli större än vad man själv har möjlighet att dricka upp. Ett bra tips är att sälja delar av skörden eller att ge bort som uppskattade presenter till både släkt och vänner.

Färskpressad must jäser och blir dålig inom bara några dagar. Visst kan man förvara den färskpressade musten i frysen, men det kräver en enorm fryskapacitet. Satsa i stället på att pastörisera äppelmusten och förvara den på noggrant rengjorda glasflaskor eller i bag-in-box. Då klarar den sig i åtminstone ett år, ibland betydligt längre.

Medan äppelmust i handeln saknar inslag av fruktkött kan du, beroende på om du filtrerar eller inte, få din hemmagjorda äppelmust kryddad med den extra smaken av fruktkött. Färgen varierar beroende på äppelsort och kvalitet. Ingrid Marie ger en rödaktig must, medan fallfrukt ibland kan ge musten en mörkare färg. Du kan med fördel blanda olika sorters äpplen, som du lagrar svalt tills skörden är tillräckligt stor för att musta.

Det blir gott om disk efteråt så planera för en riktig mustardag och musta hellre större partier än små.

GÖR SÅ HÄR

- → Skölj alla äpplen i vattenbad för att få bort gräs, smuts och jord. Undvik att musta ruttna äpplen och var noga med att det inte kommer jordrester i skördetrågen.
- → Mustar du mycket äpplen kan det vara smart att använda sig av en fruktpress för att förvandla äpplena till en fruktmassa som är enklare att musta. Det går också bra att använda en köttkvarnstillsats till hushållsassistenten.
- → Flytta över fruktgröten till äppelpressen och musta ur vätskan ur äppelmassan.
- → Värm äppelmusten till omkring 78–79 °C för att döda alla bakterier och förlänga hållbarheten.
- → Värm glasflaskor i ugnen (30 minuter i 100 °C), eller sterilisera plastdunkar genom att hälla i kokande vatten.
- → Häll upp äppelmusten i flaskorna eller plastdunkarna och lagra svalt och mörkt, gärna i jordkällare.

033
När saven stiger i björken
GÖR DIN EGEN SVAGDRICKA

MITT EMELLAN TJÄLLOSSNING och lövsprickning stiger björkens sav, en sötaktig dryck som innehåller både vitaminer och mineraler och med fördel kan drickas som den är. Du kan även tillverka svagdricka eller öl av saven.

I det gamla bondesamhället var det inte ovanligt att man framåt våren begav sig ut i skogen för att »dricka märg i benen«. Med björkens hjälp tankade man blodet rikt på både vitaminer och mineraler, framför allt c-vitamin och kalium som de flesta led brist på efter en näringsfattig vinter.

Att tappa sav är enkelt. Det enda som behövs är en borrmaskin, en slang och ett kärl att tappa i. Det är inte ovanligt att stora björkar kan ge uppemot 8–10 liter på ett dygn så det gäller att ha stora kärl. Dunkar är bättre än hinkar eftersom myror och andra insekter gärna hoppar ner i badet. Tappa dina egna björkar eller fråga om du får tappa hos grannen. Det ingår inte i allemansrätten.

Vissa borrar ett 8 mm hål och andra så stora hål som 19 mm beroende på vilken typ av slang man använder. Borra inte djupare än 5 cm, det räcker oftast med 1–3 cm.

Tryck in slangen i hålet och led ner slangen i en flaska eller burk som du fäster vid trädet med till exempel en spännrem.

Samla sav i ett par nätter och plugga därefter igen hålet så att björken kan lagra energi på egen hand: Tälj en liten pinne (lika grov som hålet) och slå in i trädet tills det tar emot. Såga därefter av pinnen längs med barken och du har skyddat trädet mot angrepp.

Drick saven som måltidsdryck eller använd den som degvätska när du bakar. Saven smakar en aning sött och påminner om lukten av björk. Det går även att brygga öl på björksav. Som smakförstärkare är björksaven unik. Naturell innehåller den vatten, glukos, fruktsyror, aminosyror, äppelsyra, c-vitamin, kalium, fosfor, magnesium, mangan, zink, natrium och järn – så säg den kropp som inte mår bra av att dricka björksav.

Tyvärr håller inte saven speciellt länge. Färsk håller den i några dagar i kylskåpet, men fryst i princip hur länge som helst.

GÖR EGEN SVAGDRICKA

1. Värm 5 liter björksav till 37 °C.
2. Vispa ner ½ krm torrjäst i den varma saven och tillsätt ¾ dl socker. Det går också fint att ersätta sockret med honung för en mer nyanserad smak. Tänk på att honung är dubbelt så söt som vanligt socker. Det räcker alltså med knappt ½ dl honung.
3. Placera kärlet rumsvarmt under en handduk i ett dygn så att saven börjar jäsa.
4. Tappa upp svagdrickan i rengjorda glasflaskor och förslut dem väl. Därefter kan saven jäsa i ytterligare 12 timmar i rumstemperatur innan du ställer in den i kylskåp, där drycken håller sig i flera veckor.
5. Den färdiga produkten innehåller nästan ingen alkohol alls. Önskar du en högre alkoholhalt kan du öka mängden jäst och/eller låta drycken jäsa i 3–5 dagar.

034
Brygg eget öl

ATT BRYGGA ÖL är egentligen inte speciellt svårt. Däremot innehåller bryggningen en rad moment som måste ske i rätt ordning i rätt temperatur. Enklast är att använda stora rostfria grytor på en gasolbrännare i ett uppvärmt utrymme med vatten och avlopp. Ett välstädat brygghus är optimalt, men ett garage eller grovkök går också bra. Tänk på att ölbryggningen innehåller många varma moment och att det är lätt att bränna sig. Se till så att inga barn eller djur kommer i närheten av de varma grytorna. Köp ett färdigt recept på internet, eller ett paket med både ingredienser och recept.

1. Värm rätt mängd vatten till rätt temperatur enligt receptet och tillsätt dina färdigmalda maltkorn som du malt på plats. Eftersom temperaturen sjunker när du tillsätter maltkornen får du koka upp maltsmeten till rätt temperatur igen. I receptet jag använder betyder det 75,6 °C.

   I stället för att använda sig av en *infusionsmäskning*, där man rakt igenom håller samma temperatur, kan man använda en *stegmäskning*, där man höjer temperaturen allt eftersom rasterna träder in. Jag börjar på 54 °C, höjer stegvis till 66,7 °C och når slutligen 75,6 °C. Syftet är att börja med en proteinrast och fortsätta med ytterligare två försockringsraster.

2. Laka ur maltresterna från vörten. Det gör man enklast med en sil där man låter vörten rinna ner i en väl rengjord behållare. Tillsätt rätt mängd vatten i rätt temperatur för att få den mängd vört som receptet omfattar. Maltresterna kan du ge till hönsen eller ännu hellre använda som bas i bröd som du bakar själv. Se avsnittet *Baka bröd med maltrester*, på sidan 84.

3. Det är nu dags att tillsätta humle och koka i omgångar.

4. Sila bort humleresterna och ös över vörten i en jäshink.

5. Kyl vörten, ju snabbare desto bättre. Använd ett kar med iskallt vatten där du sätter ner jäshinken, eller linda kylslingor runt hinken och kyl med rinnande kallvatten. Vispa gärna runt i vörten med en slev då och då, för att syresätta vörtens kärna.

6. När vörten har fått rätt temperatur kan du tillsätta jäst enligt receptet. Skaka väl så att jästen aktiveras och mår bra.

7. Ställ hinken i rumstemperatur över natten så att jäsningen kommer igång. Därefter kan du placera jäshinken i rätt temperatur för optimal jäsning enligt receptet.

8. Efter 1–4 veckor, beroende på typ av jäst och temperatur, har det slutat att bubbla i jäshinken. Nu är ölen färdig.

9. Tappa upp ölen på flaska och förslut med kapsyl. Glöm inte att prima med (tillsätta) socker, så att efterjäsningen kommer igång.

10. Förvara i kylskåp i 2–4 veckor innan ölen dricks. Ju längre tid, desto godare öl (åtminstone upp till några månader).

035
Baka bröd med maltrester

MALTRESTERNA FRÅN ÖLBRYGGNINGEN kan användas i ett smakrikt bröd med härlig struktur. Egentligen kan man tillsätta maltrester i vilket recept som helst. Men jag föredrar att använda ett klassiskt rågmjölsrecept med surdeg, där man byter ut surdegen mot maltrester och minskar rågmjölet en aning. Prova själv!

KNUBBIGA MALTLIMPOR

Till 4–6 limpor

- 13 dl ljummet vatten (37 °C)
- 1 ½ dl surdeg eller 2–3 nävar maltrester, färsk eller djupfryst i påse (tinad)
- 25 g rumsvarmt smör
- 25 g jäst (½ paket)
- 1 ½ msk salt
- 1 msk sirap (uteslut sirap om du inte uppskattar söta bröd)
- 1 msk stött kummin
- 700 g (1,3 l) grovt rågmjöl (minska andelen rågmjöl om du vill ha ett ljusare bröd)
- 1,1 kg (2 l) vetemjöl special (öka mängden vetemjöl lika mycket som du minskar rågmjölet, se ovan)

1. Häll vattnet i en degbunke och blanda ner övriga ingredienser i bunken. Spara omkring 1 dl mjöl till utbakningen.
2. Arbeta degen kraftigt, allra helst i assistent tills degen känns luftig och smidig. Eventuellt kan du tillsätta mer mjöl, men var försiktig så att degen inte blir torr.
3. Låt degen jäsa under handduk i en timme.
4. Knåda degen smidig på ett bakbord och dela den i 4–5 kuber. Lägg kuberna i smorda formar och pensla med vatten och strö eventuellt över en gnutta rågmjöl.
5. Jäs under handduk i ytterligare 40 minuter.
6. Sätt på ugnen (200 °C) och grädda i den nedre delen av ugnen i omkring 45 minuter.

TIPS!
Baka direkt med den blötlagda malten, eller frys in i portionsförpackningar (ett par nävar i varje påse).

Om du inte vill baka bröd på maltskrotet blir hönsen glada för att få äta upp resterna.

ANDRA SMAKSÄTTNINGAR
Om du inte har tillgång till maltrester kan du till exempel använda torkade tomater, russin, torkad havtorn, riven morot eller rivna rödbetor.

036
Föryngra egna plantor
TA STICKLINGAR SOM GROR

VINTERHALVÅRET ÄR EN bra tid att klippa sticklingar som framåt sommaren kan planteras om på nytt. Pil är tacksamt, liksom fikon, vindruvor, schersmin, fjärilsbuske, poppel och sälg.

GÖR SÅ HÄR: Klipp en rejäl pinne, inte tunnare än en pennas tjocklek, och stoppa ner sticklingen i sand eller näringsfattig jord.

Sticklingarna bör vara 15–30 cm långa. Väljer du att ta sticklingar tidigt på säsongen, redan innan snön smält bort, kan du lagra sticklingarna under ett skyddande lager med snö. Det går också bra att placera dem i en hink med vatten (frostfritt) tills det är varmt nog att plantera om dem, antingen i kruka eller direkt på friland. Tänk på att plantera sticklingarna på samma sätt som de växte på busken.

Sticklingar slår rot oavsett vilken ände som hamnar i jorden, men det tar längre tid att få kraftiga rötter om sticklingen hamnar upp och ner. Stoppa ner den så djupt att bara 3–4 knoppar hamnar ovan jord.

Eftersom rötter kräver syre för att utvecklas trivs sticklingar bra i sand- och näringsfattig jord. Vissa föredrar ren sand medan andra använder grus och torv ($1/3$ grus, $2/3$ torv).

Vattna och håll koll på fuktigheten i krukan så att sticklingen aldrig torkar ut. Placera krukan ljust och svalt, men aldrig rakt i solen. Först framåt försommaren eller möjligen under vårens sista veckor börjar det att bryta ut små blad på sticklingen. Det är egentligen först nu som du kan avgöra om sticklingen lever eller inte. Längre fram på sommaren kan du testa att dra lite försiktigt i sticklingen för att se om den utvecklat rötter. Sitter den fast är rotsystemet bra.

Först på sensommaren är det dags att plantera ut den nyrotade sticklingen på friland.

Gör ett miniväxthus

Saknar du växthus kan du sätta krukorna med sticklingar i ett ljust fönster i väster. Undvik söderläge där det blir alldeles för varmt.

Du kan också tillverka ett eget miniväxthus genom att klippa av toppen på en 1,5 liters petflaska. Sätt sticklingen i jord och trä över den avklippta flaskan. Det går annars att använda en vanlig genomskinlig plastpåse som träs över krukan, gör i så fall några lufthål i påsen. Som stöd kan du använda små tunna blompinnar eller grillpinnar i trä.

Hellre jord än vatten

Även om vissa växter kan rota sig i vatten, till exempel pil, så är det bättre att låta sticklingen rota sig i jord. Rötter som växer fram i vatten klarar bara vattenvistelse och så fort du planterar om sticklingen i jord krävs nya rötter anpassade för jord.

037
Samla egna fröer

ATT SAMLA EGNA fröer är enkelt, kul och billigt. Du kan bevara sorter som du uppskattar och bli självförsörjande »på riktigt«. Byt fröer med likasinnade så fort du får möjlighet. Det finns flera föreningar på internet och en lång rad sällskap runt om i världen som ägnar sig åt att bevara gamla sorter av både frukt och grönsaker. Många hävdar att fröerna bara håller i ett år och sedan måste kasseras, men det stämmer inte riktigt. Egentligen finns det bara två sorters växter som ständigt kräver nya fröer och det är palsternacka och kinesisk gräslök. I stort sett alla andra fröer klarar att lagras i flera år.

Inom det ekologiska jordbruket växer intresset för att återskapa dåtidens tåliga arter, för både smakens och miljöns skull.

Gör så här

→ Välj ut de bästa plantorna och vårda dem ömt. Vattna lite extra och gallra försiktigt så att varje planta har maximala förutsättningar för att verkligen ge bra frön.
→ Glöm inte att då och då näringsvattna, förslagsvis med guldvatten (urin blandat med vatten) eller nässelvatten.
→ Det finns en risk för att växterna korsar sig med varandra, så odla inte liknande sorter alltför nära varandra. Tack vare att fröerna håller länge kan du odla en variant om året och minska risken för oönskade korsningar.
→ Välj ut de pampigaste exemplaren – salladsplantor som går i blom sent, vi vill ju att plantan ska ge så mycket skörd som möjligt innan den går i blom.
→ Tänk på att välja plantor som blommar tidigt om du bor i Norrland eller önskar en tidig skörd i trädgården.
→ Låt fröna sitta kvar på plantan tills de nästan lossnar av sig själv. Skörda under torra dagar och absolut inte när det regnar. Förmodligen får du skörda i omgångar eftersom fröställningarna inte mognar samtidigt.
→ Lägg fröna på tork i någon vecka, till exempel på tidningspapper eller möjligen på ett finmaskigt nät. Är det risk för frost eller stora mängder regn kan man dra upp hela plantan med roten och låta fröna torka och mogna inomhus.
→ Sortera bort växtrester manuellt och häll fröna mellan två olika kärl när allt är torrt och klart att lagras. Eftersom fröna är tyngre än växtrester och skräp kommer skräpet att blåsa bort medan fröna trillar ner i kärlet. Upprepa tills allt skräp är borta. Du kan eventuellt använda ett grovt såll eller durkslag där fröna trillar igenom och skräpet stannar kvar i sållen.
→ Packa fröerna i papperspåsar som du märker med innehåll, och förvara torrt och svalt. Undvik plast eftersom fröna då kan mögla och ruttna. Grobarheten sägs bli bättre om du förvarar fröerna kallt, 5–10 °C.

Samla frö från tomater

→ Vänta tills tomaterna är riktigt mogna och skörda de bästa tomaterna du kan hitta.
→ Klyv tomaten, ta bort skalet och lägg fruktköttet i en burk. Häll på lite vatten och sätt på ett lock innan du ställer undan burken i rumstemperatur. Rör om då och då.
→ Efter knappt en vecka har fröna separerats från det geléaktiga höljet och sjunkit till botten. Byt vatten några gånger under tiden, tills allt fruktkött är borta och bara fröna återstår.
→ Lägg ut fröna på hushållspapper och låt torka. Tänk på att skydda fröna från vind och korsdrag, för att slippa börja om från början.

Är fröerna för gamla?

Man kan testa grobarheten i gamla fröer genom att breda ut 40–100 frön på en fuktig pappershandduk eller hushållspapper. Ju fler frön desto bättre. Tänk bara på att fröna måste sås direkt efter grobarhetstestet för att inte riskera att dö.

Rulla sedan ihop hela pappersarket och förvara fuktigt i en plastpåse i rumstemperatur. Då kan du enkelt se hur många frön som gror. Är det liv i 90 av 100 frön är grobarheten 90 %, med andra ord fullt användbara.

Man kan också lägga gamla frön i ett glas med vatten för att testa om de fortfarande lever. Frön som flyter är döda medan de som sjunker till botten (tyngre) fortfarande lever.

038
Förgro dina grönsaker för en tidigare skörd

FÖRKULTIVERADE VÄXTER FÅR en bra start i livet vilket ger en rikligare och tidigare skörd. Egentligen kan alla växter förkultiveras oavsett om du odlar på friland eller i kruka.

Med förkultivering slipper du att gallra såraden och kan i stället plantera färdiga plantor på lämpligt avstånd från varandra.

Tänk på att ta bort allt ogräs innan du sätter dina plantor i marken. Lägg gärna gräsklipp i rabatten innan du planterar och dra upp små rader i gräsklippet där du trycker ner plantorna i jorden. Lägg sedan tillbaka gräsklippet runtomkring och vattna.

Så gärna i såbrätten och märk alla planteringar väl. Du kan även så i avklippta mjölkförpackningar (klipp av hörnen så det inte blir för blött i botten), eller i återanvända plastkrukor med plastfolie över.

Använd såjord eller vanlig planteringsjord som du blandar ut med sand. Det är viktigt att det inte finns för mycket näring i jorden, eftersom plantan ska utvecklas långsamt. Ett bra tips är att fylla halva brättet med planteringsjord (i botten) och fylla upp med såjord ovanpå. Frön gror vid temperaturer mellan 8 och 18 °C, beroende på art och sort.

Så fort plantorna kommit upp ur jorden vill de gärna stå svalare eftersom det varma klimatet annars ger höga veka plantor.

Kom ihåg att vattna dina små bebisar, men övervattna inte. Skapa jämn fuktighet bland fröerna genom att täcka krukorna med ett lock eller plastfolie. Glöm inte att sticka ventilationshål i plastfolien eller lägga en liten pinne mellan botten och lock i miniväxthusen för att fröna inte ska mögla.

Skola om plantorna så fort rötterna fyller ut hela klumpen av jord. Plantera hellre om ofta än sällan.

Plantorna klarar inte att plötsligt hamna i jorden utomhus. Det krävs avhärdning, där man gradvis vänjer plantorna vid utomhusklimatet. Börja med att låta plantan stå i skuggan utomhus under ett par timmar. Dagen efter lämnar du den utomhus i ytterligare ett par timmar för att slutligen låta den stå ute över hela dagen. Knappt en vecka senare tål plantan att stå utomhus rakt i solen.

Plantera ut plantorna under en mulen dag för att undvika att de torkar. Gör en grop i marken och vattna i hålet innan du trycker ner plantan. Var försiktig så att rotklumpen inte faller isär. Glöm inte att vattna och täck planteringen med fiberduk för att få en tidigare skörd.

Med varmbäddar kan du plantera ut plantor i trädgården ännu tidigare, långt innan sådd eller plantering är möjligt på friland. Se vidare avsnittet *Odla i drivbänkar eller växthus*, på sidan 102.

039
Egen potatis
FÖRGRO I KRUKA

ATT FÖRGRO POTATIS är viktigast för de tidigaste sorterna till midsommar. Men all potatis gynnas av korta groddar som förbereder potatisen för ett liv i jorden. Undvik mörk förvaring framåt våren, då knölens förtvivlade jakt på ljus ger långa veka groddar som lätt går av.

Lägg potatisen i gamla äggkartonger, på en sval men inte frostdrabbad plats, i västerläge. Eller ännu hellre, plantera potatisen i kruka, med jord upp till magen, och vips har du förkortat mognaden med flera veckor. Potatisen börjar sätta groddar så fort tiden är mogen. Helst ska det inte vara kallare än 3 °C, men det får heller inte bli för varmt. Allra bäst mår potatisen i en temperatur som håller sig runt 10 °C.

Ett bra riktvärde brukar vara att börja förgro 4–6 veckor före beräknat sättdatum. För att få potatis till midsommar innebär det att du bör starta förgroning i början av april. Målsättningen med potatisens groddar är korta, kompakta och svagt grönaktiga knölar runt hela potatiskroppen.

Själv sätter jag nästan alltid potatis i kruka, antingen ovanpå jorden eller med jord upp till magen. Det går också bra att lägga potatisen på ett lager av torv. Omkring fyra veckor senare har potatisen utvecklat ett fint rotsystem med en kort och knubbig blast. Plantan är redo att sättas ut i potatislandet.

Genom att förgro potatisen blir den mindre känslig för bladmögel. Dessutom blir skörden tidigare, så att vi hinner skörda och äta upp en stor del av potatisen innan bladmögel får blasten att vissna ner, framåt juli månad. Mögelsporer sprider sig lätt vidare genom den nervissnade blasten och kan orsaka brunröta hos den potatis som fortfarande står i jorden.

Undvik klassisk vinterpotatis och satsa på tidiga sorter som också fungerar utmärkt att lagra till långt in på vintern. Välj sorter där risken för att utveckla brunröta är liten eftersom lagringspotatisen annars ruttnar bort.

TIPS PÅ HÄRDIGA SORTER: *Swift* och *Rocket* (tidiga), *Princess*, *Maris Bard*, *Sarpo Mira* (en ungersk härdig sort), *Amandine* (håller bra i källaren), *Sava*, *Asterix* och *Opera*. Två holländska varianter är *Bionica* och *Toluca*. De kan ge en längre växtperiod innan angrepp av bladmögel, men har samtidigt en större risk för angrepp av brunröta om man inte är tillräckligt snabb med blastavskiljningen.

ODLA ALDRIG POTATIS I VÄXTHUS. Visst kan det kännas lockande att odla potatis innan det är tillräckligt varmt för att plantera ut tomater. Men potatisbladmögelsporer kan infektera tomatplantor och du gör därför bäst i att hålla potatisen långt från tomaterna. Värst drabbade är bifftomaterna, även om andra tomatsorter också kan drabbas.

TIPS!
När potatisblasten angrips av potatisbladmögel är det viktigt att du så snart som möjligt skär bort blasten och tar bort den från täppan. I princip slutar potatisen då att växa, vilket innebär att vi vill få en så tidig skörd som möjligt.

040
Odla i hink eller kruka

ATT ODLA I HINK eller kruka behöver inte innebära att du bor trångt eller odlar på balkong. Även i trädgården är hinkar en bra avskiljare, som ger tidig skörd och förhindrar örter att sprida sig. Enda nackdelen är att hinkarna snabbt torkar ut, speciellt under högsommaren.

Typiska tomatodlare odlar gärna tomater i svarta plasthinkar. Använd hinkarna utomhus i ett skyddat läge mot söder eller ännu hellre i ett skyddande växthus med ett härligt mikroklimat som passar hinkodling. Dessutom går det fint att dra in ett bevattningssystem i växthuset så du slipper vattna kontinuerligt. Den bästa bevattningen är som bekant den som sköter sig själv.

Personligen tycker jag att hinkodling passar bäst i växthus där man odlar direkt på marken. I synnerhet i nya växthus där man inte vill köpa dyr jord på påse. Då kan hinkodling vara ett bra alternativ tills jorden i bäddarna blivit tillräckligt bördig av sig själv. Annars kan du naturligtvis köpa ett stort lass med jord från någon jordleverantör, eller tillverka jord på egen hand med en blandning av kompost, jord och torv. Men i brist på tid kan ibland nyodling vara det bästa alternativet:

→ Lägg pallkragar eller måttanpassade odlingsbäddar rakt på gräset. Tunna, breda brädor (22 × 175 mm breda) fungerar, även om plank (45 × 200 mm) är att föredra.
→ Lägg täckduk på marken i hela växthuset innan du placerar ut odlingsbäddarna. Gör ett långtgående snitt i duken mitt i bäddarna och vik sedan ut duken åt kanterna så att gräset blottas.
→ Täck gräset med ett tjockt lager tidningar. Var noga med att peta in tidningslagret också under odlingsbäddens ram för att förhindra att ogräs letar sig in i odlingen.
→ Skär av bottnen på plasthinkarna och ställ dem på tidningsbädden. Stabilisera hinkarna med material som du har liggande: gräsklipp (inte för tjockt eftersom det lätt bildas mögel), halm, hö, ensilage, gödsel eller gammal dränerad jord. Ta vad du har och förstärk efter hand materialet med gamla växtdelar, som med tiden artar sig som i en kompost.
→ Plantera tomaterna rakt i hinkarna, i vanlig planteringsjord uppblandad med kompost från varmkomposten. Tack vare att hinkarna saknar botten letar sig tomatplantan neråt när den kräver mer yta. Den arbetar sig enkelt genom lagret av tidningspapper och finner näring i marken under. Kanske inte världens snyggaste odling, men definitivt ett enkelt och prisvärt sätt att få en massiv skörd med tomater. Framåt hösten, när tomatskörden är över, har restprodukterna kring hinkarna komposterats och bildat en optimal grund för vinterodlingar.

Även köksträdgårdens örter kan med fördel odlas i kruka, eller plantera örterna rakt i hinken. Dessutom kan du ta bort hinkens botten och gräva ner hela hinken i marken. På så sätt minskar risken för att örterna ska sprida sig okontrollerat med rotskott. Koriander, mynta, basilika, oregano och citronmeliss passar bra i kruka eller hink.

Gödsla i hink: Använd nässelvatten eller flytande ekologisk gödning som du blandar med vatten. Det går också att använda guldvatten (urin blandat med vatten) under hela växtsäsongen, innan växterna ger skörd. Hellre ett svagt blandat kissvatten än stark gödning som riskerar att bränna. Späd aldrig starkare än 1 del urin och 9 delar vatten.

Sommartid, i full skörd bör du inte vattna krukorna med kissvatten, utan spara i stället urinen till kållandet där du vattnar mellan raderna för frodig gynnsam skörd. Vattna aldrig rakt på plantorna.

TIPS!
Lägg gärna en bunt med nässlor längst ner i hinken innan du planterar om dina tomatplantor. När nässlorna ruttnar tar tomaternas rötter del av näringen (kväve).

041
Egen gödsel utan djur på gården

NÄR DU GÖR egen gödsel blandar du näringsämnen med vatten för att minska koncentrationen och göra näringen tillgänglig för växande grödor. Använd en tunna med lock, helst med kran i botten så du slipper lukten. I princip passar all gödning till allt. Men använd inte guldvatten nära skörd där du äter grödorna.

NÄSSELVATTEN. En klassiker som man aldrig kan få nog av. Fyll en tunna till hälften med nässlor och fyll på med vatten ända upp till kanten. Låt stå i två veckor och gödsla med 1 del nässelvatten och 9 delar vatten. När allt är slut tömmer du ut resterna i komposten eller ännu hellre rakt i odlingen.

En variant är att ha två tunnor med nässlor igång samtidigt. En som du använder och en där näringsämnena lakar ut i vattnet och som blir färdig först om några veckor. På så sätt är du aldrig utan verksamt nässelvatten.

GULDVATTEN. Mänsklig urin är full av näringsämnen som gör underverk i trädgården. Blandas 1 del urin, 9 delar vatten. Används framför allt under tillväxtfasen och aldrig i skördetid. Vattna mellan raderna så fördelar sig näringsämnena ut till grödorna. Tänk på att inte använda urin om du tar mediciner.

VALLÖRTSVATTEN. Nästan lika bra som nässelvatten, men betydligt ovanligare. Klipp blad från vallört och lägg i en tunna med vatten. Du kan fylla på efter hand med blad när du hittar nya eller då bladen sjunker undan. Proportionen bör vara 1 kilo blad eller mer till 15 liter vatten. Låt stå i 4–6 veckor. Du måste ha lock på tunnan, för förmultningen luktar förfärligt. Späd sedan den tjocka vätskan med lika mycket vatten eller använd den outspädd.

042
Samla tång på stranden
OCH MYLLA NER I TRÄDGÅRDEN

TIDIGT PÅ VÅREN, då snön fortfarande ligger djup i norra Sverige, brukar kusterna i söder fyllas av tång. Ta med dig nätkorgar eller hinkar och fyll dem till brädden med näringsrik blåstång.

Tång är ett gammalt beprövat gödselmedel som använts längs kusterna i generationer. Före handelsgödselns intåg, var blåstången en eftertraktad jordförbättrare som fick bönderna att köra skytteltrafik med häst och vagn till stränderna. Numera är man i stort sett ensam på stranden och utbudet är betydligt större än efterfrågan. Det gör att du kan välja noggrant och bara behöver ta med den friskaste tången hem.

Tången fungerar utmärkt till att gödsla sparrislandet med. Sparris och strandkål är växter som uppskattar tången mycket, framför allt eftersom tången innehåller natrium. Man kan även gödsla odlingsbäddar och potatisland med tången. Blommor och prydnadsbuskar växer fint av lite tång runt roten.

Odlar du i bädd behövs en större hink per odlingsbädd och ute på fälten kan du kasta ut en hink med blåstång var tredje till fjärde meter, som sedan sprids ut med kratta. Tången är rik på mineraler och kan jämföras med kogödsel med strö eller vanlig hönsgödsel.

På senare tid har det kommit kritik mot att man använder tång i grönsaksodlingar. Skeptiker menar att tången är full av kadmium, ett metalliskt grundämne som finns naturligt i jorden och inte bryts ner. Mängden kadmium som eventuellt förs över är dock så pass liten att det inte bör påverka dina ekologiska grönsaker negativt.

TIPS
Skölj gärna av tången med sötvatten innan du lägger ut den i odlingen. Man kan också torka och hacka tången innan den läggs ut, så förmultnar den snabbare.

Glöm inte att ta med dig en påse för att samla skräp på stranden. Tidigt på våren flyter det in rikligt med plast längs stränderna, särskilt på västkusten.

043
Den sköna solen mot söder
PLANERA DIN KÖKSTRÄDGÅRD

LÄGET ÄR AVGÖRANDE för bra skördar, oavsett om du odlar för husbehov eller i större skala. Har du möjlighet att välja var köksträdgården ska ligga bör du självklart välja ett skyddat läge mot söder. Samma sak med större odlingar, oavsett om det handlar om fruktträd, jordgubbar eller eftertraktade grönsaker. Traditionella grödor som spannmål och vall är inte lika känsliga, men gynnas också av ett varmt klimat. Enda nackdelen är behovet av bevattning.

Tänk på att anlägga köksträdgården i en del av trädgården där du tycker om att vara. Du kanske vill att den ska ligga utanför köksdörren, så att du enkelt kan hämta kryddor i kryddträdgården, nära hönshuset så att hönsen kan hjälpa till med jordförbättringen, eller långt från skogsgläntan så du slipper rådjuren.

Kan du välja så är kvällssol att föredra framför morgonsol. Då bevaras värmen i marken långt in på natten vilket får grönsakerna att trivas.

Blåser det för mycket kan du alltid bryta vinden med ett plank, en häck, eller kanske ett tätt buskage. Ett alternativ är att att odla höga grödor, som majs eller jordärtskockor längst ut i odlingen, vilket ger vindskydd till lägre växter en bit in i köksträdgården. Sätt i så fall stöttor till de höga grödorna som annars lätt blåser omkull. Undvik vattensjuka partier – inga växter vill vara blöta om fötterna – och kombinera odlingarna med sköna platser för vila och avkoppling.

Torra ytor som ligger högt samlar mycket solvärme under dagen, men släpper lika lätt ifrån sig värmen under kalla nätter. Det kan vara en nackdel för känsliga växter som missgynnas av stora skillnader i temperatur. Genom att täckodla med till exempel gräsklipp bevaras fukten i marken även under soliga dagar. Odlingar omgärdade av stengångar eller grusgångar kan också dra nytta av det fasta materialets värmelagrande egenskaper.

Odlingsbäddar och pallkrageodlingar ger varmare jordar, i synnerhet på våren, om du kombinerar odlingsbäddarna med isolerande halmbalar och lägger gamla fönster ovanpå.

Täta trädgårdar, där hus, skog och rumsindelningar förhindrar vinden från att svepa över ägorna, bevarar nattens fuktighet på ett helt annat sätt än oskyddade delar. I sådana lägen får man en jämnare temperatur och stabilare odlingsförutsättningar.

Gamla tiders trädgårdar

Redan i de stora herrgårdsträdgårdarna var trädgårdsmästarna medvetna om hur sol och vindförhållanden kunde förändra skörden. Med hjälp av murar och plank skapade man olika klimatzoner som bevarade värmen under natten. Favoriten var de tjocka murarna, som i söderläge kunde ge ett 10–15 grader varmare klimat än på andra håll i trädgården, och i norrläge svala partier där skuggväxter frodades. I söder spaljerades känsliga växter som persikor och aprikoser och i många odlingslotter fick man flera skördar under en och samma säsong. Mot muren växte kryddor och snittblommor och i väster- och österlägen gav fruktträden rikliga skördar med äpple, päron och plommon. Det låter som en utopi men är resultatet av nyfikna tankar och gammal tradition.

044
Odla i drivbänkar eller växthus

EN DRIVBÄNK ÄR ett sätt att med enkla medel skapa ett mikroklimat på liten yta. Med hjälp av skyddande fönsterglas kan du skynda på tillväxten under våren och skörda grönsaker långt innan frilandsplantorna ens går i blom. Gurkor, tomater, sallad, paprika och basilika är exempel på plantor som trivs bakom glas.

Hör runt bland vänner och bekanta om någon planerar att byta fönster, eller köp på annons eller via någon rivningsfirma. Har fönstren kvar sina karmar kan du låta bågarna sitta kvar i gångjärnen och montera hela karmen på toppen av en drivbänk. Då går det enkelt att öppna rutorna för att lufta och sänka temperaturen invändigt. Saknar bågarna karmar kan man fästa gångjärn i både båge och ramverk för att få samma funktion. Använd en hake eller en enkel pinne för att rutorna inte ska trilla ner.

En drivbänk kan i princip göras hur stor som helst. Utgå från ytan där du ska bygga och hur många fönster du har. Blir locket med fönster för tungt kan du alltid separera bågarna och öppna en båge i taget. På så sätt kan du lätt justera temperaturen i drivbänken och skapa luftcirkulation utan att behöva haka av fönsterbågarna.

Enklast är att bygga en drivbänk med pallkragar eller med brädor av bredare modell. Själv föredrar jag plank som håller längre i jorden och som inte ruttnar i första taget. Måla gärna planken med linoljefärg innan du sätter dem i jorden så håller bänkarna ännu längre. Det går också att bygga drivbänkar av lecablock eller tegel som muras till lämplig storlek.

Man skiljer mellan två varianter av drivbänkar: kallbänk och varmbänk.

Kallbänken är beroende av solens värmande strålar (perfekt för frösådd och omskolning av tidiga plantor). *Varmbänken* har däremot sin egen värmepanna i form av stallgödsel som förbränns och ökar temperaturen, med mycket tidig skörd som resultat. Under gynnsamma år kan du sätta de första fröna i jorden redan i februari.

Gör din egen varmbänk

Sätt bänken på plats, den bör vara åtminstone 30 cm hög, så du slipper böja på ryggen. Gräv ur marken spaddjupt, gärna två spadar djupt och fyll hela gropen med halm, stallgödsel och löv. För att inte värmen ska läcka utåt kanterna kan drivbänken isoleras på utsidan med halmbalar, alternativt med frigolit (vilket dock är fult).

Färsk hästgödsel brinner snabbt och bra och finns att hämta i mängder i stall och hagar. Ko- och fårgödsel brinner också bra, men värmen avtar snabbare. Hönsgödsel bör man däremot inte använda då det inte ger någon riktig värme i bänken. Var inte snål med halm och gödsel utan fyll på rejält. Vattna om det är torrt och skydda sedan gödselhögen med plast, fönster eller halm.

Efter någon vecka har värmealstringen kommit igång på riktigt och du kan lägga tillbaka jorden du grävde ur, gärna uppblandad med lite sand. Sedan är det bara att sätta salladsfrön (eller vad du vill förgylla våren med), stänga locket och vänta på skörd. Är det fortfarande risk för frost kan man isolera fönsterbågarna nattetid med en filt.

Varför växthus?

Naturligtvis kan du skörda betydligt mer i ett växthus. Men handen på hjärtat, behovet av växthus är minst lika mycket en fråga om ditt eget behov av uterum, som att plantorna växer bättre. Här kan du tidigt på säsongen slå dig ner med en kopp kaffe i handen och njuta av värmen som sakta stiger i växthuset.

045
Pollinera eller inte
RÄCKER DET MED INSEKTER?

SÅ LÄNGE MAN odlar sina växter utomhus sköter naturen oftast pollineringen på egen hand. Men bakom glas, på balkongen eller i täta växthus händer det att man får hjälpa naturen på traven.

Alla blommor måste pollineras för att det ska bildas frukt. Så gott som alla frukt- och bärsorter är beroende av bin, humlor och andra insekter som hjälper till med pollineringen. Med hjälp av bra pollinering blir frukten större, vackrare och av bättre kvalitet. God pollinering har allra störst betydelse för äpple och päron, följt av svarta vinbär och plommon. För körsbär, hallon och jordgubbar är en effektiv pollinering inte fullt lika viktig.

Man skiljer på två typer av pollinering. De *självpollinerande* växterna pollinerar sig på egen hand. På pistillens märke (honkön) fastnar pollenkorn från samma blomma som kornen kom ifrån. Det finns till och med växter som inte ens öppnar upp sina blommor utan sköter pollineringen inuti den stängda blomman. Nackdelen är att risken för inavel ökar och att den genetiska variationen minskar.

När det gäller *korspollinerande* växter krävs pollen från en främmande blomma för att befruktning ska kunna ske. Pollen fastnar på insekter, vanligtvis bin och humlor, som flyger vidare till nästa blomma i sin jakt på nektar och pollen. Tack vare att pollen från en ståndare (hankön) fastnar på pistillen (honkön) i den nya blomman sker en befruktning. Här är risken för inavel liten och de korspollinerande växterna utvecklar även nya egenskaper, anpassade efter de förutsättningar som finns i miljön för tillfället.

I stort sett alla äpplen, päron och vissa plommonsorter kräver korspollinering för att ge frukt. De är vad man kallar självsterila och det är också orsaken till att fruktodlare med jämna mellanrum planterar pollineringsträd i odlingarna, små gula äppelsorter som endast används för pollinering. Förr i tiden krävdes inga speciella pollineringsträd. Då använde man i stället olika sorters äppelträd i odlingarna som korsbefruktade varandra.

För fritidsodlare kan man lösa problemet med självsterila fruktträd genom att ympa in en kvist eller två av en pollinerande sort i det sterila trädets grenverk.

POLLINERA MED PENSEL? Behövs nästan aldrig utomhus, däremot i täta växthus (om inga insekter kommer in), i uterum och på balkonger. Använd en mjuk pensel, gärna en sådan som barnen använder till vattenfärg, och pensla på varje blomma för en rik skörd.

Tomater är självpollinerande och det räcker egentligen med en vindpust för att pollineringen ska ske.

046
Använd täckväv för en tidig skörd

GENOM ATT TÄCKA väderkänsliga odlingar med fiberduk kan du skydda känsliga växter och skynda på utvecklingen maximalt. Du minskar också risken för att rådjur, harar och kaniner ska sätta tänderna i de sköra plantorna. Väven passar bra till grönsaker, färskpotatis och jordgubbarna till midsommar.

Satsa på en fiberduk av god kvalitet, åtminstone om du vill kunna återanvända den mer än en gång. Det kan behövas ett eller flera lager med fiberduk beroende på hur kallt det är runt omkring. Under riktigt kalla år kan du använda 3–4 lager väv för att få till ett önskvärt klimat under duken. Fäst väven med stenar eller sandsäckar som tyngder om du har större odlingar och mycket vindfång. Sedan kan du vattna rakt över väven, som släpper igenom vattnet till plantorna under.

Du kan också välja en kombination av odlingstunnlar och fiberduk. Det finns färdiga system att köpa i handeln med aluminiumstänger och formsydd väv, men det funkar lika bra med vanliga elrör i plast som böjs till och kläs med klassisk fiberduk. Ju bredare väv desto bättre, smala rullar räcker sällan till för att forma en täckande tunnel.

GÖR SÅ HÄR

Potatis. Förodla knölarna i växthus tidigt på säsongen. Så fort plantorna hamnar i marken sätter du dubbel eller tredubbel väv över hela potatisodlingen. Ta bort väven när blasten blir så hög att den lyfter väven (blir det alltför tätt gynnas bladmögel). Vid risk för nattfrost kan du återigen lägga på väven som skydd under kyliga nätter.

Grönsaker. Använd fiberduk både när du sår direkt på friland och när du sätter ut förkultiverade plantor. Duken ger plantorna skydd att växa sig starka. Dessutom skyddar väven klena plantor från vind och uttorkning.

Jordgubbar. Redan på hösten kan man lägga väv på jordgubbslandet för att skydda plantorna mot frost och uttorkning. Väntar du till våren kan du lägga på väven så tidigt som möjligt, egentligen så fort tjälen gått ur jorden. Ta av väven när plantorna börjar blomma, så att bin och humlor kan hjälpa till med pollineringen. Rulla gärna ihop väven och låt den ligga mellan raderna. På så vis kan du enkelt täcka plantorna på nytt under kalla frostnätter.

047
Odla kålväxter
FRÅN FRÖ TILL SKÖRD

INGET ÄR SÅ TACKSAMT som att odla kålväxter som broccoli, grönkål, brysselkål, broccoli, blomkål och savojkål. Skörden blir enorm och växterna klarar både torra och blöta somrar utan sol. Använd kålen färsk, eller förväll och fyll frysen ända upp till locket.

De flesta kålväxter uppskattar svala somrar och ger ett rikligt tillskott av antioxidanter, vilket är två skäl till att odla dessa delikatesser. Kålväxterna odlas i princip på samma sätt oavsett sort och har i grund och botten samma fiender. Kålplantorna växer långsamt och förkultiveras gärna. Själv brukar jag sätta fröna i odlingsbrätten och plantera om när plantorna är mycket små och veka. Hellre två omskolningar än en stor chock för plantorna. Kålplantorna är känsliga för väta och protesterar lätt om jorden är för fuktig.

BROCCOLI. Bildar oftast ett stort kompakt huvudskott med små sidoskott som växer ut efter det att toppskottet skördats. Broccoli är enklare att odla än blomkål och också mer härdig. Ge den fast jord när du väl planterar ut plantorna och täck marken mellan plantorna med gräsklipp eller halm. Stötta plantorna med bambu eller annat växtstöd när de blir höga och vingliga. Skörda huvudskotten så tidigt som möjligt för att sidoskotten också ska ge skörd. Vänta inte för länge för då går skotten i blom – vackert, men inte alls lika gott att äta. Rik på C-vitamin och folat, A-vitamin, kalcium, kalium och järn. Innehåller rikligt med fibrer.

GRÖNKÅL. En frosttålig sort som ger skörd långt in på vintern. Under ljumma vintrar kan man skörda grönkål ända fram till våren då den oftast går i blom. Grönkålen bildar inga huvuden och man äter bladen som de är. Trivs på näringsrik jord, fast eller lucker spelar egentligen ingen roll. Skörda bladen så fort grönkålen är tillräckligt stor för att tillåta skörd och fortsätt tills bladen blir sega, grova och i stort sett oätliga. Då kan man i stället använda dem i stuvningar, lasagne, soppor och grönsaksjuicer. Se till att ta bort allt det grova och ät grönkålens allra finaste delar. Rik på C-vitamin, A-vitamin, E-vitamin, folat och mineraler.

BRYSSELKÅL. Egentligen är utseendet skäl nog för att odla denna skönhet, en massiv stång klädd med små runda kålfrukter. Trivs i välgödslad jord som

bearbetats djupt. Kalka om jorden är sur. Plantera ut förkultiverade plantor när de nått en höjd av omkring 12–15 cm. Kupa gärna runt plantorna medan de växer och marktäck jordytorna runt omkring med gräsklipp eller halm. Ta bort de nedersta bladen allt eftersom de gulnar. Bäst smak får brysselkålen efter förvinterns första köldnätter. Under milda vintrar kan man skörda under hela vintern. Låt hellre plantan stå kvar utomhus och skörda efter hand som förrådet tryter inomhus. Rik på C-vitamin, A-vitamin och E-vitamin, folat och mineraler.

BLOMKÅL. Växer långsamt och förkultivering är nödvändig. Trivs i tung och fuktig jord med mycket humus. Sträva efter att odla i fast jord, packa gärna jorden en aning innan du sätter plantorna som du drivit upp i kruka. Plantorna kan planteras ut så snart som de har utvecklat tre blad ovanför de första hjärtbladen. Tänk på att plantan måste ha en spetsknopp – annars kommer det aldrig att kunna utvecklas något blomkålshuvud. Gödsla efter hand med kväverik gödsel, gräsklipp duger gott om jorden är full av humus. Var försiktig så att blomkålen inte torkar ut. Du kan skydda den mot starkt solljus genom att vika upp dess egna blad över huvudet, som annars lätt blir gult. Skörda när kålen utvecklat fasta huvuden. Ät direkt eller lagra i någon vecka i kylskåp eller jordkällare. Frys in om skörden blir stor. Rik på C-vitamin, folat och mineraler.

SAVOJKÅL. Liknar vitkålen till utseendet, men har gråaktiga buckliga ytterblad som skiljer sig från vitkålen. Är lättare att odla än vitkål och har en bättre, mer karakteristisk smak.

Trivs i mullrik lerjord. Så helst inte för tidigt då savojkålen inte uppskattar den trånga krukans minimala ytor. Plantera ut plantorna efter 4–6 veckor i kruka, framåt sommaren. Savojkålen tål visserligen lite frost, men är rätt känslig för att vara en kålväxt. Sätt gärna plantorna lite djupare än vad de stått i krukan, det gör dem stadigare. Täck med gräsklipp, halm eller annat organiskt material vilket får marken att behålla fukten. Skörda så fort huvudena är färdigutvecklade. Rik på C-vitamin, D-vitamin, folat och kalcium.

SKADEDJUR OCH SJUKDOMAR. Många! Mycket går att skydda sig ifrån genom att tidigt täcka kålodlingen med kålnät. Se vidare avsnittet *Skydda växterna med väv och nät*, på sidan 123. Huvudkålen är känsligast för klumprotsjuka, kålgallvivel, kålfluga, jordflylarver och kålmal, bortsett från den obligatoriska kålfjärilen som äter allt i sin väg. Har du haft problem med sjukdomar förut kan det vara läge att låta bli att odla huvudkål. Satsa i stället på broccoli, som inte angrips lika hårt av klumprotsjuka, eller grönkål som är resistent mot densamma. Sedan gäller det att hålla tummarna.

048
Att lyckas med persilja och den svårodlade dillen

PERSILJA ÄR EN lättodlad kryddväxt som trivs i princip var som helst. Dill däremot är en svårodlad skönhet som bara växer där det passar.

Redan på forntiden tros persilja ha odlats runt Medelhavet och på 1700-talet introducerades den i Sverige. Först den krusbladiga och sedan den slätbladiga, som fick rykte om sig att förfina dåtidens mat som mestadels var vattnig, fet och smaklös. Persiljan var rik på A-vitamin och mineraler och blev snabbt vanlig i svenska kryddträdgårdar, främst kring slott och herresäten.

Vissa hävdar att persilja är en svårodlad kryddväxt men själv har jag aldrig märkt det. Så länge man använder rätt jord verkar den trivas i princip var som helst. Persiljan vill ha näringsrik och lucker jord, rik på humus, som grävs spaddjupt så att rötterna kan tränga långt ner i marken. Det går även bra att odla persilja i krukor, både utomhus och på balkong.

Odla persilja

- Fröna gror långsamt, så man måste ha tålamod. Lägg dem i fuktigt tidningspapper i ett par veckor i kylskåp innan du sår, eller i ljummet vatten över natten.
- Stoppa ner fröna i jorden, runt 1 centimeter djupt, och vänta tills plantorna tittar upp.
- Du kan också välja att förkultivera persilja och plantera ut plantorna var för sig. På så vis har du säkert skörd ett par veckor tidigare än normalt om du sår på friland.
- På hösten kan du eventuellt sätta ett skyddande lager plast runt plantorna eller sätta ut en odlingskupa som skydd från kalla nätter, och därmed skörda långt in på sena hösten. I södra Sverige övervintrar persiljan och ger skörd långt fram i maj. Därefter går persiljan i blom och det är dags att gräva upp plantorna och plantera nytt.
- Genom att skörda några kvistar i taget har du persilja under hela sommaren. Överskottet kan du torka eller frysa in och använda under vinterhalvåret. Till skillnad från andra kryddväxter behöver persiljan torkas snabbt och varmt. Använd ugnen och torka i 50–90 °C med luckan på glänt. Till infrysning brukar slätbladig persilja vara bäst.

Odla dill

Dillen kommer ursprungligen från Asien och odlades i Egypten, Grekland och Italien innan den introducerades i Sverige, där den snabbt blev ett uppskattat inslag i vårt svala klimat. Dillen är svårodlad och trivs nästan aldrig där man sår den, men likväl kommer den upp som små irritationsmoment runt om i trädgården där den själv finner det gott nog att växa. Dill trivs egentligen i vilken jord som helst, men gynnas av fuktig och näringsrik jord. Den är känslig för torka och får aldrig torka ut. Vattna ofta, men inte så mycket att den ruttnar på rot.

- Lägg ut fröna i fina rader och tryck ner dem lätt i jorden.
- Du kan så i omgångar ända fram till högsommaren för att ha unga plantor under hela säsongen. Skörda dillen ända fram till blomning. Dillkronorna skördar du först när plantan står i full blom.
- På grund av svampsjukdomar – dillen drabbas ofta av groddbrand – kan det på vissa platser vara helt hopplöst med dill. Svampsporerna övervintrar i jorden och du bör inte odla dill på samma plats oftare än vart fjärde år, vilket passar fint i ett avvägt växelbruk.
- Som skydd mot bladlöss och ängsstinkflyn kan man använda sig av fiberväv. Hittar du löss kan du pilla bort dem för hand eller skölja med vatten.

049
Egen kryddodling

FINNS DET NÅGOT bättre än att ta saxen i handen och knalla raka vägen ut i kryddträdgården för att fylla grytorna med färska kryddor? Välj flera olika arter och gallra hårt redan från början.

Att odla kryddor är en av trädgårdens enklaste utmaningar. Kryddor kräver varken fiberväv, speciell jord eller stora arbetsinsatser. Enda nackdelen med kryddor är att de växer snabbt, ohämmat och rakt in i varandra. Därför är det viktigt att du bestämmer dig för hur örtagården ska se ut. Vill du ha en strikt kryddträdgård med raka linjer och välklippta buskar? Skilj av med tegelstenar, stenar, grusgångar eller vad du finner lämpligt. Eller föredrar du en vildvuxen djungel där allt växer huller och buller? För smakens skull spelar det ingen roll.

Kryddträdgården ska helst ligga soligt eller halvskuggigt och vid sidan om uteplatsen, för doftens skull. Ibland sägs kryddor kunna växa i vilken jord som helst. Men för att garantera en rik skörd med smakrika kryddor bör du satsa på en väldränerad jord med goda avrinningsegenskaper. Annars får örterna det alltför blött under vintermånaderna. Sandjord är bättre än lerjord, och förbättra gärna jorden med mullämnen, kompost, lövmull, torv eller vad du har.

Kryddor kräver generellt sparsamt med gödsel och det räcker gott att mylla ner några hinkar kompost under våren och senare på hösten. Får kryddorna för mycket kväve så växer bladverken ohämmat, vilket minskar chanserna för att örterna ska överleva vintern. Dessutom försämras smaken.

Kryddor tål torka bra, men det betyder inte att du ska låta bli att vattna – särskilt inte om örtagården ligger rakt i solen utan skyddande skugga från träd och buskar. Vattna några gånger i veckan under sommarens allra varmaste perioder, mer sällan under kalla eller regniga veckor.

Lyckligtvis klarar sig örtagården bra från skadedjur. Om citronmeliss eller dragon ändå får en släng av bladlöss tar lössen snabbt till flykten om du sprutar vatten, gärna med hårt tryck, rakt på bladlössen.

Klipp ner kryddodlingen redan på våren. De arter som får nya skott klipps ner till marknivå, medan andra, mer vedartade arter som isop, salvia, timjan, lavendel och rosmarin, klipps ner till hälften – aldrig mer.

Kryddor som trivs i halvskugga: oregano, libbsticka, koriander, dragon, citronmeliss, citrontimjan, mynta och spansk körvel. *I direkt solljus:* chili, lavendel, isop, rosmarin, salvia och kyndel.

Kryddor som lockar till sig fjärilar: timjan, salvia, mynta, isop, basilika, citronmeliss, kyndel och oregano.

050
Växter som återkommer
SKÖRD GÅNG PÅ GÅNG

FÖRSÄKRA DIG OM att ha sallad i trädgårdslandet under hela säsongen. Med återkommande växter får du gott om bladväxter från tidig vår till långt fram på hösten. Dessutom slipper du arbetet med att förnya i trädgårdslandet.

Plocksallat, grönkål, persilja (krusbladig eller slätbladig), bindsallat, mangold, mizunakål och snittselleri är utmärkta val för dig som uppskattar växter som återkommer. Du kan börja skörda bladen så fort de tittar över marken, men plantan mår bra om du väntar tills bladen är 5–10 cm stora. De späda bladen ger ett uppskattat tillskott på tallriken och är fulla av både smak och näringsämnen. Skörda med hjälp av en kniv eller sax så att du inte riskerar att rycka upp plantan med rötterna. Klipp 2–3 cm från marken så att plantan får kraft att återkomma.

Använd helst gräsklipp mellan raderna så slipper du gödsla. Det sköter maskarna utmärkt på egen hand då de förvandlar det finaste gräsklippet till användbar näring. Har du skördat hela raden kan du vattna med guldvatten eller en skvätt nässelvatten. Annars duger vanligt vatten.

Tänk på att skörda kontinuerligt – av flera skäl. Förlusten av blad verkar trigga växterna att bilda mera blad. Liksom gurkplantor, som gynnas av att man då och då knipsar av en gurka, verkar salladsplantor fungera på samma sätt. Att skörda kontinuerligt är också bra eftersom alltför stora blad ger skugga och väta, vilket lockar sniglar och andra skadedjur. Till sist är de små bladen ofta godare än de större, mindre träiga och inte lika beska. Blad av mangold kan till och med klassas som oätliga om de blir för stora.

Tips på återkommande växter

Bindsallat. Långsmala blad med krispiga huvudnerver. Mixa de härliga bladen med andra sorter, gärna i olika färger, och du får en fin sallad.

Plocksallat. Krispiga blad som fungerar utmärkt under hela säsongen. Servera med en god olivolja, lite flingsalt och hembakt surdegsbröd. Underbart!

Grönkål (kallas ibland för bladkål). Fantastisk växt som ger skörd från tidig sommar till långt in på vintern. Under milda vintrar kan man skörda året om tills det är dags att plantera på nytt. Kan användas i sallader, grytor, pajer och stuvningar.

Mizunakål. Spretiga goda blad som kan skördas långt in på hösten. Använd i sallader eller lätt kokt, alternativt i wokade rätter. Tänk på att gallra plantorna då täta planteringar missgynnar tillväxten av nya blad.

Snittselleri (persiljeselleri). Har en frisk aromatisk sellerismak med näringsrika smakrika blad. Man kan också göra te på bladen, som sägs vara aptitretande och bra mot kolik.

051
Gör eget bekämpningsmedel

ÄVEN I EKOLOGISK odling blir det ibland nödvändigt att attackera skadedjur och sjukdomar. Med hjälp av såpvatten, vitlökssprej och andra egna blandningar kan du komma långt och slippa kemikalierna.

De första försöken med att bekämpa skadedjur med kemikalier dök upp kring slutet av 1800-talet, då man provade koppar- och svavelpreparat mot svampangrepp i frukt och potatis. Men i jordbruket var det först efter andra världskriget som kemikalieanvändningen tog fart på allvar.

Även om Sverige anses vara ett framgångsland i miljöfrågor finns det fortfarande mycket att förbättra inom odlingssektorn. Ställer du frågor om skadedjur och bekämpning hos en trädgårdshandlare slutar det nästan alltid med att du kommer hem med en dunk gift under armen. Hur giftet verkar och vad det ger för biverkningar på både kort och lång sikt är det ingen som kan svara på. Ändå fortsätter vi att använda kemiska bekämpningsmedel i princip helt oskyddade, både i hobbyodlingen och i det kommersiella lantbruket.

Flera forskningsstudier har under senare år visat att de här alternativa behandlingsmetoderna ger resultat. Men de har redan använts i decennier av övertygade hobbyodlare.

Såpvatten: Blanda 0,5 deciliter vanlig såpa med ca 1 liter vatten, inte starkare än så eftersom koncentrerad såpa kan skada växterna. Spreja med hjälp av en växtdusch eller en vanlig sprejflaska. Används mot löss, mjöldagg, tunnhudade larver och en rad insekter. Få skadedjur gillar att bli duschade med såpa. Många föredrar att blanda rödsprit (1 msk) i såpavattnet men jag avråder från att göra blandningen giftig.

Vitlökssprej: Med sin starka doft används den avskräckande mot alla möjliga former av insekter. Anses extra effektivt mot mjöldagg. Krossa 2–3 vitlöksklyftor i en mortel, eller kör dem i mixer och blanda med 2 liter vatten. Dutta gärna i ett par teskedar såpa. Duscha med hjälp av en sprejflaska på bärbuskar och gurkväxter som drabbats av mjöldagg.

Bikarbonatsprej: Blanda 2 tsk vanlig bikarbonat som du köper i mataffären med 1 liter vatten. Eventuellt kan du också blanda i ett par teskedar såpa. Spreja på buskar och plantor som drabbats av mjöldagg. Tänk på att blandningen ger bismak.

Salicylsyresprej: Blanda 8 gram salicylsyrepulver (säljs på apoteket) med 1 liter ljummet vatten i en flaska med lock. Skaka försiktigt tills pulvret löst sig. Används förebyggande för att hejda angrepp av bland annat bladmögel på både potatis och tomater.

052
Så lyckas du i växthuset

NÄR VÄL VÄXTHUSET är på plats är det mycket som ska klaffa innan skörden blomstrar. Rätt jord, god ventilation och bevattning – allt styrs av oss själva, så fram med experimentlustan.

Bästa resultatet får du om du odlar i bäddar direkt på marken. Sträva efter att lägga in en porös typ av jord som är rik på näring i växthuset. Jordlagret bör vara 30–50 centimeter djupt.

Gödsla med kompost och stallgödsel. Gräv ett par spadtag djupt och mylla ner brunnen stallgödsel och färsk kompost från varmkomposten.

Jord eller sand?

Allt fler hobbyodlare väljer att byta ut jorden i växthuset mot sand, som ger bra skörd och rena grönsaker. Sand är ett luftigt material som snabbt blir varmt tidigt på säsongen vilket ger starka kraftiga rotsystem. Välj helst sand med kornstorlek 1–8 mm, lägg en djup bädd med sand rakt på jorden och täck med gräsklipp eller hackat ogräs som gödslar bädden under hela odlingssäsongen. Börja med ett 10 cm djupt täcke gräsklipp och fyll på med lika mycket efter några veckor.

Gödselvattna då och då. Efter ett par år kan det räcka med att gödselvattna någon gång och lägga på ett lager med gräsklipp tidigt på säsongen. Till skillnad från jorden kan man inte så rakt i sanden utan det krävs att du planterar färdiga plantor.

Har du ett stort växthus och hönor kan du låta dem spatsera omkring i växthuset mellan säsonger. De äter både växtrester och skadedjur och gödslar marken.

Jordtrötthet. Även i växthuset kan jorden bli trött. Ett tidigt tecken är att skörden minskar och att det inte växer lika bra som tidigare. Brist på näringsämnen brukar synas med gulnande blad och botas med guldvatten eller nässelvatten. Byt ut det översta lagret med jord inför en ny säsong eller mylla ner lite extra stallgödsel. Växtföljden är också viktig, lika nödvändig i växthuset som på friland, även om det kan vara svårt att bryta mönstret med tomater och gurka.

Ventilation. Mitt i sommaren är det inte ovanligt att det blir alltför varmt i växthuset. Då är det viktigt att man har öppningsbara fönster och täckande dukar som hindrar den obarmhärtiga solens starka och varma strålar.

Ett alternativ är att bygga ett växthus med en naturlig luftcirkulation under takfoten (se avsnittet *Växthus av gamla fönster*, på sidan 173).

Att öppna växthuset och låta luften cirkulera är bra av flera skäl: framför allt för att minska luftfuktigheten (då minskar risken för mögel och skadedjur som trivs i den fuktiga miljön), och så behöver man då och då sänka temperaturen. Mitt i sommaren är det bra om dörren ständigt står på vid gavel.

Bevattning. Vattna helst på morgonen och undvik kvällsvattning eftersom fukten stannar kvar i växthuset och gynnar skadedjur och mögelsporer. Är du bortrest då och då kan du installera ett droppvattensystem som sköter bevattningen automatiskt. Kombinera med marktäckning av gräsklipp och du har ett utmärkt system som står emot torka väl.

Problem i växthuset

Gråmögel. Angriper i första hand tomat och gurka. Både blad, stjälkar och blommor får brunaktiga fläckar och rötangrepp och därefter en gråluden päls. Ta bort angripna växtdelar för att förhindra spridning och sätt inte plantorna för tätt. Förebygg genom att ta bort alltför frodiga bladverk och minska fukten. Gråmögel kan bekämpas med biologiska preparat.

Mjöldagg. Drabbar framför allt gurka. Ger vita och grå fläckar på bladens ovansida. En fuktig miljö gynnar svampens utveckling. Lufta växthuset ordentligt för att förhindra kondens nattetid. Angripna plantor kan sprejas med bikarbonat eller vitlöksextrakt. Blanda ut 2 teskedar bikarbonat med lite vatten och rör sedan ner blandningen i 1 liter vatten.

Sniglar. Oftast ett utomhusproblem, men i värsta fall kommer sniglarna även in i växthuset, i synnerhet under fuktiga och regniga somrar. Lämnar spår i form av slem och gnagskador på bladen. Bekämpas manuellt.

Bladlöss. Brukar framför allt angripa paprika. Kläm sönder äggen och spreja med såpvatten. Upprepa en gång i veckan tills lössen är borta. Alternativt kan du ta hjälp av nyckelpigor som du »planterar« in i växthuset eller köpa biologisk bekämpning i form av gallmyggor, parasitsteklar eller guldögonslända.

Spinnkvalster. Angriper framför allt gurkplantor där de suger växtsaft på bladens undersida. Undersidan blir vitprickig och efter hand alldeles vit. Tyvärr kan man inte se dem utan lupp. Spinnkvalster övervintrar i växthuset. Behandlas med sprejduschning eller med predatorer, alltså djur som äter skadedjuren, som spinnrovskvalster eller rovkvalster.

Vita flygare. Utsöndrar sockerhaltig honungsdagg vilket gynnar sotdaggssvampar. Dessa bildar en mörk beläggning på växterna och stör fotosyntesen. Bekämpa med predatorer eller klisterremsor som sätts upp i växthuset och fångar vita flygare som flyger omkring.

053
Skydda växterna med nät och väv

DEN SOM DRABBATS av skadedjur vet hur viktigt det är med ett förebyggande arbete. Med nät, väv eller effektiva galler håller man många skadedjur borta, dygnet runt. Allra bäst blir resultatet om man skyddar växterna långt innan problemen blir realitet.

Vi är många som tycker att det är fult med kålnät och väv över odlingarna, men i valet mellan pest eller kolera brukar de flesta ändå välja näten. Lägg på nätet tidigt på säsongen, långt innan kålfjärilens larver går bärsärkagång i kållandet.

Ett vanligt problem med att hålla kålfjärilar borta är att det är svårt att fästa kålnäten tätt mot marken. Köp vanliga elrör av plast i bygghandeln och böj till fina bågar. Är det kallt ute kan du förvärma rören med en varmluftspistol eller försiktigt över en öppen eld, innan du böjer dem. Tryck ner båda ändarna i marken och lägg väven över. Till en början behöver nätet inte vara så högt över marken (då plantorna är små) men i takt med att plantorna växer behöver du lyfta på nätet.

Se till att köpa väv som är tillräckligt bred så att den räcker från en sida av odlingen till en annan. Lägg stenar på marken, eller använd sandsäckar, så att väven trycks fast ordentligt. När kålodlingen skjuter i höjden räcker nätet förmodligen ändå inte till för att sluta tätt på båda sidor om odlingen. Då får man helt enkelt låta nätet ligga löst på toppen och hålla tummarna för att kålfjärilarna håller sig borta.

Odlar du kål över stora fält kan du köpa riktigt breda kålnät som läggs över flera rader. Ett effektivt sätt att hålla näten uppe så att de inte trycker ner plantorna är att slå ner pinnar i marken som får en »hatt« av en uppochnervänd burk, för att förhindra att pinnen gör hål i väven. Det finns också specialpinnar med en boll på toppen som förhindrar att nätet går sönder. Använd sandsäckar om du vill få tyngd i kanterna så att nätet inte glipar.

Fiberväv är ett annat effektivt sätt att förhindra besvärliga insektsangrepp. Bland annat stoppar fiberväven kålfluga, lökfluga, stinkflyn, fjärilslarver, olika sorters loppor och morotsfluga. Bäst resultat får du om du låter väven ligga länge och bara lyfter på den när du ska rensa ogräs. Förankra ordentligt och ta inte bort väven förrän det är dags att skörda eller bara någon vecka innan.

054
Lagra frukt och grönsaker

OAVSETT OM DU har en liten odling eller skördar på oändliga fält mognar allt på en enda gång. Genom effektiv lagring kan du få frukt och grönsaker att hålla en bra bit över vintern.

Uttrycket att skörden »andas« handlar om att grönsaker och frukt är inne i en intensiv ämnesomsättning när de skördas, och att denna process fortsätter även efter skörd. Andningen förbrukar både näring och smak hos grönsakerna. Minimera andningen genom att sänka temperaturen och lagra den skördade frukten kallt. Men låt inte frukten och grönsakerna frysa, då förstörs kvaliteten snabbt.

Att behålla luftfuktigheten är också viktigt. Om grönsakerna torkar ut blir de inte lika goda, vissa blir även mer mottagliga för sjukdomar.

Lagringsmetoder

I jordkällare: Enkel och prisvärd lagringsplats. Här är luftfuktigheten hög, det är svalt och jorden runtomkring skyddar mot frost. Saknar du jordkällare kan du alltid bygga en (se avsnittet *Bygg en jordkällare*, på sidan 159).

I stuka: Gräv ner dina grönsaker under ett skyddande lager med jord och halm, i en backe eller direkt i grönsakslandet. Stukan ger bra möjligheter till lagring om den sköts på rätt sätt. Enda nackdelen är hanteringen – att du måste flytta på täckmaterial för att komma åt grönsakerna därunder.

I källare: Vanliga källare är inte optimala. Det är oftast alldeles för varmt och luftfuktigheten är på tok för låg (möjligtvis med undantag för vissa gamla hus).

Man kan också välja att lagra rotfrukter i fuktad sand eller mellan fuktade tidningspapper för att höja luftfuktigheten.

LAGRA I JORDKÄLLARE

→ Rotfrukter (morot, kålrot, rödbetor och rotselleri) ska förvaras strax över nollstrecket med en så hög luftfuktighet som möjligt. Sträva efter 1–3 °C och 90–95 % luftfuktighet.

→ Potatis trivs i mörka miljöer, 3–7 °C med en luftfuktighet av omkring 85–90 %.

→ Blom- och stjälkgrönsaker lagras optimalt i en temperatur av 1–3 °C med en luftfuktighet av 90–95 %.

LAGRA *INTE* I JORDKÄLLARE

→ Lök förvaras med fördel i svalen utanför jordkällaren. Torrt och kallt, gärna 0 °C, 75 % luftfuktighet.

→ Grönsaksfrukter som tomat, aubergine och paprika trivs inte i låga temperaturer (de föredrar 12–14 °C) och bör inte heller förvaras i jordkällare. Tomater avger dessutom mognadsgasen etylen som försämrar lagringsförutsättningarna för andra grönsaker.

→ Även frukt avger etylen och bör förvaras separat, allra helst i ett uthus (1–3 °C, 90 %) i en luftig trälåda med tidningspapper ovanpå. När vintern kommer kan du skydda frukten från frost med hjälp av ett gammalt täcke eller en filt.

TIPS!
För att få frukten att hålla lite längre kan du paketera felfria äpplen (6–10 stycken) i plastpåsar som försluts väl. Sug ut all luft innan du försluter påsarna, med eller utan vakuumförpackare. Lägg påsarna i stora lådor med lock och ställ undan i en sval källare eller uthus. Var noga med att frukten verkligen är torr när du försluter påsarna.

055
Bevara ängsmarken
LÅT GRÄSMATTAN VÄXA UPP TILL EN ÄNG

AV LANDETS URSPRUNGLIGA ängsmarker återstår i dag bara några få procent, vilket fått enorma konsekvenser för den biologiska mångfalden. Inte minst har antalet insekter minskat dramatiskt under de senaste åren. Ta ett steg i rätt riktning och bidra till mångfalden genom att anlägga en egen äng.

Till skillnad från en klippt gräsmatta består ängsmarken av så mycket som 40–50 olika arter av blommor på en enda kvadratmeter. Ingen annanstans kan man se ett sådant gytter av liv på så liten yta. Tillsammans med hagar och naturbeten hör ängen till de mest artrika områdena i landet och behovet av att vårda och utveckla svenska ängsmarker är enormt.

Historiskt sett var ängen bondens viktigaste hjälpmedel för att gården skulle skrapa ihop tillräckligt med vinterfoder så att djuren kunde överleva vintern. Bortsett från att ge mjölk och kött var djuren viktiga för att producera gödsel, som det rådde brist på. Fanns det inget hö, så fick djuren svälta och utan djurfoder blev det ingen gödsel. Det blev som ett slags moment 22 som med tiden förklarades med uttrycket »äng är åkers moder«.

Ända sedan slutet av 1800-talet har ängen, den ogödslade naturliga slåttermarken, minskat i omfång. Numera genomför hembygdsföreningar och Naturskyddsföreningen ett stort antal slåtterdagar runt om i landet för att sköta och bevara ett stycke svensk kultur som håller på att försvinna ur landskapet. Bondens skötsel av ängen är en förutsättning för att örter och gräs, fjärilar och insekter ska leva vidare in i framtiden.

GÖR DIN EGEN ÄNG. I en stor trädgård kan du med fördel avstå från att klippa en del av trädgården och i stället ge möjligheter för ängsväxter att breda ut sig. Att skapa en klassisk äng tar dock tid. Du kan naturligtvis köpa ängsblomfrö eller samla egna fröer från de växter som du vill se på ängen. Men en klippt gräsmatta är rik på näring och ängsblommorna gillar näringsfattiga miljöer. Därför tar det lång tid efter sista klippningen innan de etablerar sig.

Planerar du att fröså gräs bör du välja svagväxande gräs och så glest. Slå sedan gräset med lie mitt i sommaren och låt höet ligga kvar och släppa sina fröer. Några veckor senare kan du avlägsna det torra gräset, som blir bra gröngödsling i trädgården. Har du egna djur kan du självklart använda gräset som hö.

TIPS!
Ett vanligt fel är att ängarna slås alldeles för tidigt, redan vid midsommar. För att fröerna ska gro krävs en sen skörd och att man låter gräset ligga orört ända tills fröerna trillat ner på marken.

056
Skapa en trädgård där fåglar och fjärilar trivs

SE TILL ATT skapa miljöer där djuren trivs och buskage där fåglarna kan sitta och sjunga. Hellre lummigt och spretigt än ordnat och kalt. Då slipper du besvärliga vindar och kan njuta av både växter och fågelsång.

Att sätta upp *fågelholkar* är ett enkelt sätt att få fåglar att hitta till trädgården. Komplettera med en vattenspegel där fåglar, fjärilar och igelkottar kan hitta vatten under varma sommardagar. Gräv en damm eller nöj dig med ett litet fågelbad i ena hörnet av trädgården. Återskapa uttorkade bäckar och naturliga vattensamlingar och du kommer att upptäcka att djuren återvänder. Fågelsång i all ära men den största nyttan gör fåglarna med att hålla insektsbeståndet nere. Flugor och larver lever farligt i en trädgård full av fåglar. Tänk på att fågelbadet bör ligga skyddat med gott om flyktvägar och täta buskage runt omkring. Alla djur gillar trädgårdar där de kan söka skydd och i vissa fall uteblir småfåglarna helt om det inte finns ett tätt buskage där de kan flyga undan.

Plantera buskar och blommor som lockar både fjärilar och bin. Lämpliga sorter kan vara fjärilsbuske, kaprifol, indianmynta, murgröna, kungsmynta, lavendel, myskmadra, timjan, strandkrassing och röd rudbeckia, för att nämna några.

Fundera på om du ska låta en del av tomten få ett ängsliknande uttryck. Inte nog med att du slipper klippa gräset, frodigheten ger också livsmiljöer för både djur och växter som älskar vilda dungar i trädgården.

Du som uppskattar fjärilar kan gärna sätta upp en *nektarautomat* i grönskan, särskilt tidigt på våren då fjärilar har svårt att hitta nektar naturligt. Köp en färdig nektarautomat, eller tillverka din egen: Använd provrör som fästs i ståltråd, en tallrik som limmas på en pinne eller en enkel liten skål som fylls med artificiell nektar. Blanda honungsvatten bestående av 50 % honung och 50 % vatten och toppa med lite outspädd saft som ger smak och färg av frukt. Placera nektarautomaten rakt i solen, gärna i ett vindskyddat läge mitt bland alla blommor.

Har du tid över kan du alltid tillverka ett eget *insektshotell:* Sätt ut en gammal hylla i trädgården och fyll hyllplanen med vedklabbar, halm, tegelpannor och tegelsten. Borra hål (10 mm) lite här och var i vedbitarna för att ge insekter små hålrum där de kan krypa in och övervintra.

Avsluta med ett skyddande tak av plåt, så håller insektshotellet längre. Man kan också använda en förbrukad kabelrulle, av typen kabelspole för grova kablar. Sätt spolen upp och ner och bygg insektshotellet mellan dess båda skyddande tak.

Glöm inte att vedboden är ett uppskattat inslag hos trädgårdens djur. Inte minst vintertid då både fjärilar och insekter övervintrar mellan vedklabbarna.

Har du inga problem med mördarsniglar så kan du låta en hög med nyklippta grenar ligga kvar i en del av trädgården. Det ger bra övervintringsmöjligheter för både igelkottar och paddor.

057
Undvik rådjur, gnagare och vildsvin bland odlingarna

BOR DU NÄRA skogen så vet du vad rådjur och markens gnagare kan orsaka. Den som inte har problem med rådjur och harar får i stället stångas med sorkar eller vildsvin. Men det finns lösningar, eller åtminstone hinder på vägen.

Skydda dig mot rådjur

→ Elstängsel är den billigaste och mest effektiva investeringen, annars fungerar även höga viltstaket av nät eller trä. Sätt upp 2–4 trådar, ända upp till en höjd av 170 cm över mark. (Mot hare behöver du sätta trådar 10 och 20 cm ovan mark.)
→ Låt strömmen vara på dygnet runt och prova därefter att bryta den lite då och då. Funkar det inte som skrämseltaktik får du ha strömmen igång dygnet runt.
→ Fiberduk och hönsnät. Täck över eller linda in växterna i skyddande metall eller nät.
→ Montera gnagskydd runt stammar för att skydda mot angrepp ovan mark.
→ Höga ljud som går igång vid rörelse kan hjälpa till en början, men oftast anpassar sig rådjuren och flyr bara några meter innan de är tillbaka på nytt.
→ Lägg ut otvättad fårull runt växterna. Mycket omtvistad metod.
→ Vattna med vitlöksvatten, som ger växterna en vitlöksaktig smak. Ska tydligen göra rådjuren skeptiska.
→ Osynliga linor som spänns kors och tvärs i trädgården och skrämmer rådjuren. Funkar ibland, men är mest ett irritationsmoment för dig själv då du gång på gång traskar in i den osynliga tråden.

Skydda dig mot gnagare

→ Se till att göra trädgården ogästvänlig, ta bort högar med ris och löv där gnagarna gärna bor.
→ Linda gnagskydd runt stammar även en bit ner i jorden (10 cm). Tyvärr hjälper det knappast mot vattensorken, som gärna gnager sönder trädens rötter djupt ner i marken.
→ Prova att lägga ut färsk fisk i sorkgångarna, vilket sägs skrämma sorken på flykten.
→ Gräv ner fällor och täck med grästuvor. Förmodligen den mest effektiva metoden.
→ Plantera lökar i sand. Kan hjälpa eftersom sorken har svårt att få stabila gångar i sanden.

Skydda dig mot vildsvin

→ Det finns egentligen bara ett sätt, och det är elstängsel. Sätt 2–3 trådar mellan 10 och 60 cm ovan jord.

058
Så slipper du sniglarna

SNIGLAR OCH SNÄCKOR har på kort tid blivit trädgårdens värsta fiende. Det kan verka svårt, men det finns möjlighet att vinna över sniglarna. Regel nummer ett: Ge inte upp!

Den *spanska skogssnigeln* är 7–15 cm lång, gråbrun till svagt brunröd (stora variationer i färg). Den är mycket slemmig, med två längsgående band på kropp och mantel. Snigeln har en ettårig livscykel och övervintrar inte som ägg. Däremot förökar den sig redan på hösten och ungdjuren övervintrar i jordkammare 10–20 cm ner i marken. Så fort dygnsmedeltemperaturen går över 4 °C vaknar sniglarna till liv och kryper upp till ytan. Den spanska skogssnigeln kan även para sig själv och ger omkring 400 ägg under sin livstid. 100 sniglar ger med andra ord en rätt maffig besättning ...

Förebyggande arbete är den främsta lösningen. Håll trädgården fri från växtrester och blasthögar där sniglarna frodas. Undvik att ha komposten i samma område som dina odlingar. Satsa på högkvalitativa plantor och så alltid i varm jord. Förkultiverade plantor ger starkare plantor i marken, än om du frösår och tvingas skydda veka plantor som precis trängt upp genom jorden. Tunna småplantor är dessutom sniglarnas favoritföda. Vattna tidigt på morgonen, aldrig på kvällar och nätter.

Ett bra alternativ till gift är att använda sig av *nematoder*. Med hjälp av mikroskopiska maskar infekterar nematoderna snigeln som slutar att äta inom 2–3 dagar och dör inom en vecka.

HINDER OCH BARRIÄRER. Vinklade metallskärmar på drivbänkar och i dörröppningar kan ge effekt, liksom att odla högt över marken på bord eller i hängande krukor/rännor/kar. Det är dock en ganska besvärlig lösning då jorden blir mycket mer känslig för uttorkning. Även täckväv som sluter tätt mot marken skyddar effektivt mot sniglar. Man kan också använda sig av insektsnät som häftas fast i odlingsbäddarnas ramar och hindrar sniglarna från att krypa över.

MANUELL BEKÄMPNING. Tråkigt, men effektivt. Det mest effektiva sättet att döda sniglarna är att klippa dem mitt itu. Ta hjälp av djur och barn i snigeljakten. Fundera på att skaffa ankor som tuggar i sig av snigelmassorna. Igelkotten är också en fantastisk snigeljägare.

FÄLLOR. En klassisk fälla är att gräva ner ett fat eller en skål med öl i rabatterna där sniglarna härjar. Se till så att fatet (med kanter) sticker upp ur marken. Glöm inte att vittja fällorna dagligen på drunknade sniglar.

← Stoppa sniglarna från att komma in i odlingsbädden genom att häfta ett vanligt insektsnät längs kanterna.

TIPS!
En vanlig ståltråd som kopplas till ett 9-volts batteri och monteras vid odlingens kant är ett bra tips som garanterat håller sniglarna på avstånd.

Snigelägg sitter ofta fast i jorden kring nyköpta plantor eller på växter du fått. Spola därför av all jord från plantor som du tar med dig hem.

059
Ta hand om regnvattnet
OCH ANVÄND DET IGEN

SJÄLVA FENOMENET ATT återbruka vatten är avgörande för gårdens hållbarhetsprincip. Det gäller oavsett om du bara sparar vatten i små tunnor under husets alla stuprör, eller arbetar intensivt med att återanvända gårdens gråvatten (det vatten som använts i dusch, badkar och handfat).

Effektiv vattenplanering handlar främst om att återanvända så mycket vatten som möjligt. Till skillnad från vatten som kommer ur kranen är regnvattnet kalkfattigt och helt gratis. Sommartid är det även rumstempererat vilket många växter uppskattar, inte minst tomatplantorna i växthuset som avskyr kalla duschar med vattenslangen. Sätt ut tunnor (de i ek är snyggast) som samlar upp vatten under husets alla stuprör så fort det regnar.

Har du stora tunnor under stuprören lämpar sig klassiska stuprör dåligt. Då kan du i stället montera en fällbar utkastare på lämplig höjd på stupröret, ett slags vinkeltratt som leder ner vattnet i tunnan.

Har du stora maskinhallar eller ladugårdar blir det rätt mycket vatten på de stora takytorna. Då kan regnvattnet ledas till stora tankar som placerats ovan eller under mark. Man brukar kunna göra riktiga fynd på skroten och hitta stora tankar som fungerar utmärkt som vattenreservoarer. Tänk på att alla tankar som används på gården bör ha skyddande lock för att förhindra att vattnet förorenas av växtdelar och annat skräp. Oftast är det enklare att montera en tappkran i botten av uppsamlingskärlen än att försöka hinka upp vatten med hjälp av en hink. Är tomten sluttande, eller ligger i botten av ett plant stort område, kan man med hjälp av markbrunnar samla regnvatten från hela gårdsplanen och använda till bevattning.

För småbrukaren är gårdens gråvatten en underskattad resurs som bör användas betydligt mer än i dag. Det gäller särskilt om man har egen brunn där grundvattnet riskerar att sina under torra sommarmånader, eller kommunalt vatten som blir alldeles för dyrt att vattna med i längden. Egentligen kan allt vatten på gården, bortsett från toalettvatten, återbrukas. Med hjälp av en stor tank kan man använda gråvatten för att vattna både i växthus och på friland. Trots att gråvattnet ibland innehåller både diskmedel och tvålrester är halterna så pass låga att vattnet duger gott till bevattning.

För att återanvända gråvatten krävs ett separat system som skiljer husets avloppsvatten från det förorenade vattnet från toaletten. Med andra ord krävs två separata system vilket kan vara svårt att lösa logistiskt om du tar över ett gammalt hus. Men bygger du nytt bör du investera i en extra vattentank redan från början, som åtminstone samlar husets dusch- och badvatten. Gräv ner en tank i marken och pumpa upp vatten till bevattning med en liten pump. Alternativt kan du placera tanken ovan mark och låta bevattningen ske med självtryck.

060
Bevattning för trädgård och fält

SOMMARREGN KAN MAN inte lita på – åtminstone inte att de ska komma i jämna doser över säsongen. Se till att skaffa smarta bevattningsanläggningar och återanvänd ditt eget vatten.

Jämfört med många torra länder i södra Europa har vi i Sverige bättre förutsättningar och slipper vattna hela tiden. Visst finns det torra somrar och blåsiga perioder då grödorna inte alls växer som vi hoppas. Men sett över tid är våra svenska somrar bra för både grödor och skörd.

Generellt kräver grödorna omkring 20–25 mm regn i veckan, en del mindre, andra mer. Men så fort det handlar om bär eller grönsaker, i synnerhet jordgubbar, hallon, tomater och gurkor krävs bevattning oftare än så. För att till exempel kunna bevattna ett hektar åker (25 mm) krävs omkring 250 000 liter vatten, en vattenmängd som knappast går att finansiera med kommunalt vatten. Stora odlingar kräver alltså egen brunn.

Sträva alltid efter att bevattna grödorna tidigt på morgonen eller jämnt över dagen. Kvällsbevattning är enkelt, men inte optimalt, då fuktiga nätter gynnar besvärliga sniglar och andra skadedjur.

Man kan också använda sig av översvämningsbevattning, och pumpa in vatten från en närliggande bäck eller sjö. Nackdelen är att bevattningen lätt blir ojämn.

En bättre men ofta bortglömd metod när det handlar om bevattning i Sverige är att dämma upp och använda regnvatten som bevattning i odlingen (se avsnittet *Ta hand om regnvattnet*, på sidan 135).

BÄR. Bärodlingar kräver bevattning under både etablering, blombildning och kartsvällning. Utan bevattning blir skörden liten och skadedjur som mjöldagg och spinnkvalster får dessutom lätt fäste i plantor som är stressade av torka, inte minst gäller det jordgubbsplantor.

FRUKT. För att få stora fina frukter krävs god tillgång på vatten. Ojämn vattenförsörjning kan ge tillväxtstörningar, cellsprängningar och sprickor i frukten. En torrodlad frukt smakar också sämre. Använd gärna droppbevattning.

GRÖNSAKER PÅ FRILAND. Olika grödor kräver olika mycket vatten. Ett enkelt och bra tips är att gräva i jorden för att undersöka om jorden är torr. Generellt kräver lättare jordar, där grödans rotsystem är grunt omkring 15–20 mm vatten åt gången, medan tyngre jordar (som behåller vattnet längre) kan bevattnas med uppemot 25–30 mm åt gången.

GRÖNSAKER I VÄXTHUS. Ju varmare dagar desto större vattenbehov. Under en torr och varm sommardag kan en gurkodling kräva uppemot 5 liter vatten/kvm, medan en tomatodling under samma förutsättningar kräver 4 liter vatten/kvm. Vattna när det är som varmast i växthuset, ge alltså huvuddelen av dygnets vatten mellan klockan 11 och 15.

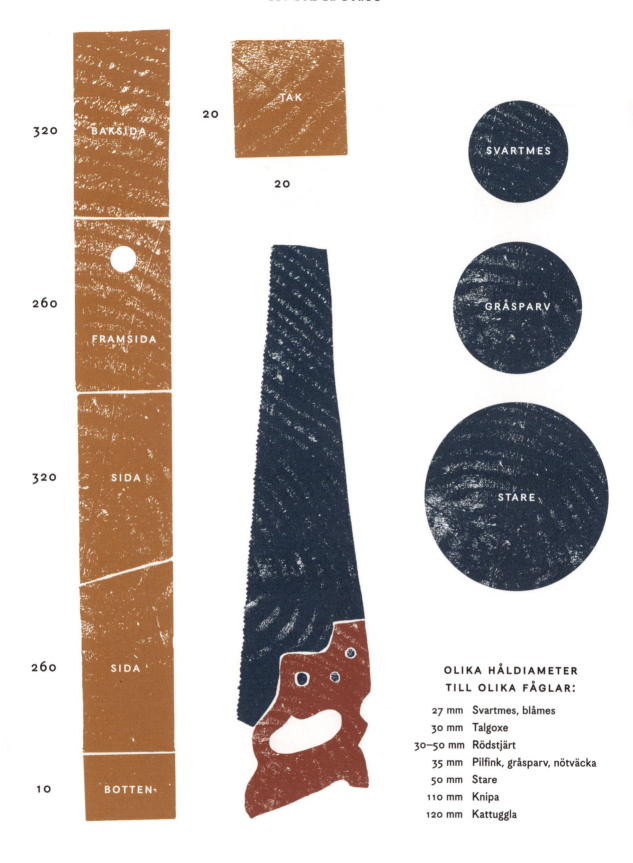

061
Bygg en egen fågelholk
OLIKA MÅTT FÖR OLIKA FÅGLAR

ATT BYGGA FÅGELHOLKAR och sätta upp på gården är ett enkelt och roligt sätt att få djurlivet att blomstra. Låt gärna barnen vara med på bygget, och variera storleken på holkarna för att locka olika arter att leva på gårdens marker.

Gör så här

Det enda du behöver är en borrmaskin, en såg, skruvar, gångjärn, hasp, borr och en tumstock. Använd omkring 150–190 mm breda brädor i en tjocklek av 20–25 mm. Då blir holken isolerad och stadig.

En lämplig storlek på småfågelholk (passar till exempel mesar) är 320 mm i bakkant och 260 mm i framkant. Sikta på att hålla 200–250 mm avstånd mellan hålet och holkens botten. Skruva ihop holken med rostfri skruv och fäst taket med gångjärn i bakkant. Fäst sedan en hasp i fronten så kan du öppna och städa ut holken om det behövs.

Ett bra tips är att låta taket sticka ut en aning, så skyddar det både holk och ingång. Täck taket med papp eller plåt så håller holken längre. Olika fåglar föredrar olika diameter på hålet, jämför illustration. Man kan slå in småspik runt hålet eller klä hålets kanter med plåt för att förhindra att hackspetten knackar på.

Häng upp holken i trädet med hjälp av ståltråd (som läggs i en gammal vattenslang för att skydda trädet) eller spika rakt i trädet så att åtminstone 20 mm av spiken (aluminiumspik) tränger in i veden bakom barken (skadar inte trädet). Se till att holken sitter stadigt, få fåglar vill flytta in i en holk som glider omkring.

TIPS!
Din fågelholk behöver inte se ut som alla andras. Tänk fritt och prova att bygga fågelholkar på höjden, eller på bredden. Det är inte säkert att fågelparen vill bo tätt, men det är heller inte omöjligt att de flyttar in i ett riktigt höghus.

Köp en billig webbkamera som du monterar i fågelholken tidigt på säsongen och ansluter till gårdens trådlösa nätverk. Först när fåglarna flyttar in slår du på kameran och följer fågellivet i realtid.

062
Mata fåglarna på vintern

ATT MATA FÅGLARNA på vintern är ett bra knep för att få dem att stanna också på sommaren. Köp fågelfoder i butiken eller blanda din egen fågelmat. Olika sorters fåglar föredrar olika sorters mat, även om de flesta uppskattar både solrosfrön och nötter. Kombinera gärna med rester från hushållet så länge brödet eller maten inte är mögligt eller alltför salt.

Glöm inte att erbjuda vatten till fåglarna som annars lätt blir törstiga, särskilt under perioder utan nederbörd eller när fåglarna ätit torra frön. Byt ofta så att vattnet inte fryser.

Vad äter olika sorters fåglar?

Hampafrö passar bra till grönfink, bofink, bergfink, gråsparv, pilfink, talgoxe, blåmes, entita, talltita, domherre.

Havre, brödbitar, kokt osaltat ris: Gråsparv, gulsparv.

Talg, ister, späck, kokosfett och osaltat smör: Mycket bra mat för insektsätande fåglar som mesfåglar, kungsfågel, trädkrypare, rödhake och hackspett.

Vildfågelfrö, linfrö: Gråsparv, pilfink, bofink, bergfink, grönfink, gråsiska, grönsiska, järnsparv.

Äpple, päron, banan, rönnbär och oxelbär: Omtyckt mat bland koltrast, stare, svarthätta, rödhake och sidensvans.

Små frön, till exempel hirs, vildfågelfrö och linfrö lockar till sig småfåglar som sparvar och finkar, steglits och järnsparv.

Vete och korn: Undvik denna typ av mat. Den ingår i många vanliga blandningar men passar egentligen bara för ringduvor, skogsduvor och fasaner, vilka skrämmer iväg småfåglarna.

Havrekross: ett utmärkt val för många fåglar.

Solrosfrö: Grönfink, talgoxe, nötväcka, domherre, stenknäck.

Svarta solrosfrön: Utmärkt året runt-mat, på många håll till och med populärare än jordnötter. Oljeinnehållet är högre i svarta än i randiga solrosfrön och därför är de mycket bättre för fåglarna.

Bokollon: Bofink, bergfink och nötväcka.

Jordnötter i nätkasse: Fettrik och populär föda för mesfåglar, sparvar, siskor, grönfink, nötväcka och gröngöling. Undvik saltade eller rostade jordnötter. Köp fröna i en djur- eller foderaffär. Det blir visserligen dyrare, men då är fröna mer näringsrika och fria från aflatoxin (ett slags mykotoxin som produceras av mögelsvampar).

063
Växter som vindskydd
EFFEKTIVA HÄCKAR

EGENTLIGEN FINNS DET inga växter som trivs i kalla och vindutsatta lägen. Skörden blir sen och grödorna riskerar att blåsa bort. Ge dina odlingar andrum och bättre förutsättningar genom att plantera effektiva vindfång.

Vi är många som upplever att vindarna tar i. Att våren och försommaren är en ständig kamp mot vinden som inte bara ger sena skördar utan också gör att plantorna riskerar att blåsa sönder eller att sådden lättar från fälten.

Förr i tiden var åkermarken skyddad av stengärdsgårdar, träd och betesmarker, men i dag är småskaligheten ersatt av stora fält som brukas i långa sjok där vinden får fart över vidderna. Ju slätare markyta desto större risk för jordflykt.

Ligger skiftena parallellt med vindriktningen blir problemen värre. Det är därför extra viktigt att plantera lähäckar och vindfång i nordostliga till ostliga och sydvästliga till västliga väderstreck varifrån vindarna, åtminstone i södra Sverige, tenderar att komma.

Alltsedan 1800-talet har svenska bönder planterat lähäckar kring vindutsatta lägen runt trädgårdar och fruktodlingar. Vindskydden hjälper inte bara mot jordflykt. Lähäckarna ger också en högre luftfuktighet, vilken i sin tur ger mer dagg och minskar risken för avdunstning från både jord och grödor. De vindskyddade växterna verkar stå emot torka betydligt bättre än samma grödor på vindutsatta lägen. Mikroklimaten som uppstår mellan häckarna ger tidigare skördar och kraftigare växter.

Fördelen med vindhäckar är att de minskar vinden både före och efter häckens placering. En studie visar att en 10 meter hög häck minskar vindens rörelser 100 meter före häcken och 300 meter efter häckens centrum i vindriktningen.

Tätheten har stor betydelse, alltså hur tätt häckens buskar står. En tät häck ger till exempel en smal läzon med kraftiga läegenskaper medan en medeltät häck (hålprocent 35–50 %) ger en jämn och långsträckt effekt, med liten risk för virvelvindsbildningar. Däremot ger en öppen häck, som enbart täcker en yta av omkring 35 % (hålprocent 65 %) ett otillräckligt vindskydd. Med andra ord räcker det inte med att plantera träd sida vid sida utan snabbväxande »amträd« däremellan. Så kallas de träd som planteras mellan de större träden för att ge ett tätare skydd.

I trädgården bör du välja växter som är vindtåliga och kan etablera sig och växa i vindutsatta lägen. Vid tät plantering kan du redan efter några år gallra i häckarna för att släppa fram och ge mer ljus och plats åt långsamma arter som inte »tar för sig« på samma sätt. Till exempel förökar sig vindtålig poppel och havtorn med effektiva rotskott som snart behöver gallras.

VINDTÅLIGA TRÄD: Klibbal *Alnus glutinosa*, Hagtorn *Crataegus*, Svarttall *Pinus nigra*, Poppel *Populus x*, Ek *Quercus robur*, Oxel *Sorbus intermedia*, Hästkastanj *Aesculus hippocastanum*, Ask *Fraxinus excelsior*, Tall *Pinus sylvestris*.

VINDTÅLIGA BUSKAR OCH KLÄTTERVÄXTER: Havtorn *Hippophaë rhamnoides*, Kaprifol *Lonicera periclymenum*, *Lonicera caprifolum*, Bergtall *Pinus mugo var. Mughus*, Vresros *Rosa rugosa*, Druvfläder *Sambucus racemosa* och Skogsklematis *Clematis vitalba*.

064
Gärdsgård av gran

FÖRGYLLER LANDSKAPET

MED RÄTT VIRKE kan en gärdsgård av gran hålla i uppemot 25 år. Men det kräver material av bra kvalitet och ett kontinuerligt underhåll.

Vissa bygger gärdsgårdar av färskt material, medan andra väljer virke som torkat under tak i minst ett år utan kontakt med den fuktiga marken undertill. Bäst och hårdast material får man i Norrlands inland. Där växer träden sakta och de senvuxna granarna får täta årsringar, vilket gör störarna extra tåliga mot röta.

Bortsett från störar eller stolpar krävs också slanor som löper snett horisontalt mellan störarna. Dessutom behövs hållbara vidjor för att fästa slanorna i störarna. Vidjorna tillverkas av små senvuxna granar som klyvs på mitten rakt genom kärnan med hjälp av en kniv eller yxa. Därefter ångkokas vidjorna över öppen eld för att de ska bli mjuka och följsamma.

Genom att använda torrt material kan man pressa ner slanorna hårt mellan störarna och sedan låsa fast dem med vidjorna i konstruktionen, vilket ger en lång livslängd.

Tänk på att »svedja« störarna i nederkant, alltså att bränna dem med en jämn värme över öppen eld. Det får kådan att tränga ut och göra ytan motståndskraftig mot vatten.

Glöm heller inte att stötta gärdsgården med återkommande stöttor varannan eller var tredje meter, vilket ger den en betydligt längre hållbarhet.

GÖR SÅ HÄR

Pressa ner två störar djupt i marken (omkring 40 cm djupt) med 8–10 cm mellan störarna (där staketet ska ligga). Man kan lägga en sten mellan störarna så att de inte dras samman innan de första slanorna kommer på plats.

Störarna bör helst vara 250 cm långa, spetsade och svedjade i änden. En del föredrar barkat material, medan andra alltid bygger gärdsgårdar av obarkad gran.

När störarna är på plats lägger du smala slanor snett mellan störparen. Sträva efter långa slanor, gärna uppemot 7–8 meter långa. Tänk på att varva den tjocka änden med den tunna för att få en snygg och jämn gärdsgård.

För att hålla slanorna på plats använder du dina ångade vidjor som band. När du binder samman vidjan bör du sträva efter att den kluvna sidan av slanan (om du valt tjocka stammar som delats på mitten) ligger an mot en av störarna. Bandet snurras hårt i flera varv som en åtta där den översta ändan på bandet hamnar uppåt och låser konstruktionen med hjälp av tyngden från staketet ovan.

Du behöver inte binda samman varje slana utan det räcker med var tredje slana i respektive störpar.

Snyggast blir gärdsgården om du kilar fast ändarna i grindstolpar vid både start och slut. Gjut fast grindstolpen i marken eller pressa fast den med hjälp av hundratals småsten. Som skydd mot fukt och regn kan du montera en hatt på grindstolpen. Tänk på att underhålla gärdsgården genom att byta ut dåliga delar innan förruttnelsen sprider sig.

065
Trä som håller

VÄLJA TRÄSLAG TILL GÅRDENS STOLPAR

KÄRNVED AV LÄRK eller furu och senväxande gran eller eneträ är bra som staket- och grindstolpar. Ek är ett utmärkt val, men växer bara i södra Sverige och är dessutom ganska dyrt. Gran däremot har bra hållbarhet, så länge du väljer senvuxen gran som vuxit på en torr och bra plats.

Att bygga staket till djuren eller ett plank runt trädgården är kostsamma projekt som man helst inte vill göra alltför ofta. För att hålla djuren på plats är klassiska elstängsel den absolut bästa lösningen. Det är billigt och effektivt, men inte den mest estetiska lösningen.

Undvik tryckimpregnerat virke, som varken är bra för miljön eller förlänger livslängden på staketet. Välj i stället ett starkt och tåligt kärnvirke av furu eller lärk. I branschen talar man om »fetved«, barkade eller skadade delar av lärk- eller furuträ som impregnerar sig självt med hartsämnen (kåda) och får en mycket begränsad vattenupptagning. Kärnvirket är stabilt, motståndskraftigt mot svampar och insekter, avger inga giftiga ämnen och håller över tid. Stora delar av gamla Venedig är byggt på pålar av kärnvirke som står än i dag.

Kärnved är numera svårt att hitta eftersom det moderna skogsbruket avverkar alldeles för tidigt. Men framför allt på Gotland finns fortfarande kärnved i form av senväxande tall på marknaden. Välj aldrig importerat material som sibirisk lärk när Sverige är fullt av trä.

När det gäller ek är det framför allt garvsyran som står för motståndskraften som förhindrar att träet ruttnar. Av furu, lärk och ek är det alltså eken som har den bästa naturliga motståndskraften mot både angrepp och röta.

Till skillnad från sågade stolpar får kluvna ekstolpar en helt annan ytstruktur som skyddar mot väta och låter vattnet rinna av. Ett bra tips för att göra egna stolpar i ek är såga ett kryss med motorsågen i ena änden av en ekstock. Det räcker om du sågar 5–10 cm djupt. Sätt sedan en av traktorskopans tänder i det kryssågade snittet och pressa med hela traktorns tyngd mot en stor sten eller klippa. Stocken kommer då att klyvas mitt itu längs en av skårorna du nyss sågade upp. Sedan kan du klyva stocken på nytt och få fyra tunna staketstolpar av en endaste ekstock.

Saknar du kärnvirke eller har du inte råd att köpa ek tar du vad du har på gården. Ju torrare virke desto bättre. Barka helst materialet innan du lägger stolparna på tork och svedja gärna den spetsade änden i glödande kol. Då får du en hållbar stolpe oavsett träslag.

Se över staketen kontinuerligt. Med bra underhåll hinner en stolpe aldrig förfalla helt.

066
Använd skogen optimalt
RÄTT TRÄD TILL RÄTT SAK

OM MAN KÖPER en befintlig gård får man helt enkelt använda skogen som den är. Har du däremot förmånen att plantera nya träd finns det en rad frågor att ta ställning till.

Först och främst, vad ska skogen användas till? Behöver du ved eller drömmer du om att såga dina egna stockar? Visst tar det lång tid att få träd som kan sågas till timmer, men även en uppväxt skog kan med rätt skötsel få en helt annan inriktning.

Ek är bra till både ved och virke, den växer långsamt och får en hård kärna som står emot röta väl. *Ask* växer snabbt och ihärdigt och är riktigt spänstig i sin konsistens. Till staketstolpar är asken däremot värdelös då den ruttnar väldigt lätt. Men till grindar (ovan jord) är asken fenomenal och med rätt behandling står den pall för väder och vind i åtskilliga år. Det enda som behövs är en skvätt träolja då och då som stärker träets naturliga motståndskraft mot regn och väta. När det handlar om stolpar och grindstolpar är *lärk* och ek utan tvekan de mest hållbara träslagen, i synnerhet efter behandling med träolja (se avsnittet *Trä som håller – välja träslag till gårdens stolpar*, på sidan 147).

Plantera trädplantorna tätt tillsammans så får du långa raka stammar som kan användas till mycket. Ett bra riktvärde brukar vara 1,5 meter mellan plantorna. Den första gallringen gör du först när träden är så stora att gallringen ger ett första tillskott av ved och slanor. Plantera äldre plantor sent på hösten så att de får gott om tid för att anpassa sig till det svenska klimatet. Du kan köpa färdiga träd på plantskolor eller dra upp egna plantor från frön.

Se till att hålla rent kring frösådden för att undvika att plantorna får konkurrens av ogräs som växer runtomkring. Ett bra sätt att hålla undan ogräs och undervegetation är att släppa ut grisarna på bete. Grisar är optimala trädkompisar som gödslar och håller undan irriterande sly utan att skada dina nyetablerade träd.

Gödsla eventuellt med fosfor, kalium och kalk om det behövs, eller låt marken sköta det på egen hand. Har du stallgödsel över kan den användas till att berika marken innan du sätter plantorna i jorden.

Hugg ner ett träd så fort du får användning för dess material, men glöm inte att plantera ett nytt. Gallra hellre än att kalhugga hela områden och undvik stora tunga maskiner i skogen som både förstör och bildar svårläkta sår i landskapet. Måste du skota ut timmer kan du med fördel använda häst och släde.

Blanda barrträd och lövträd. Spara stora träd och fäll några mindre däremellan. En variationsrik skog skapar en skön livsmiljö för både växter och djur – och för dina egna pauser. Självklart med en kopp kaffe i ena handen och en nybakt bulle i den andra.

067
Stengärdsgård
BRA SÄTT ATT SLIPPA BESVÄRANDE STEN

I GAMLA TIDER var stengärdsgårdarna viktiga hinder för att hålla djuren borta från åkern. Men det är bara halva sanningen. Stengärdsgårdarna var också ett sätt att bli av med den besvärande stenen. Ju fler stenar som fanns på en blivande åker, desto fler stengärdsgårdar och stenrösen behövde man anlägga. Ofta bildades rösen kring stora och besvärliga stenar som inte gick att flytta.

I dag är det mycket ovanligt att bygga nya stengärdsgårdar, men har du gott om sten och vill skapa en vacker inramning till din tomt kan det vara värt arbetsinsatsen.

Allra viktigast innan du sätter igång är att säkra tillgången på sten. Tänk på att det krävs stora bumlingar längst ner i botten och att långa stengärdsgårdar kräver stora mängder sten.

Marken får gärna bestå av morän eller grus och alltså vara väldränerad. Är marken vattenhållande krävs nästan alltid dränering. Glöm inte att gräva bort matjorden som får muren att röra på sig. Dessutom är det viktigt att du gräver ner till ett frostfritt djup för att undvika att sulans (grundens) stenar kan förskjutas av frost eller tjäle.

GÖR SÅ HÄR

1. Börja med en sula av sten som grund till stengärdsgården som växer fram ovanpå. Tänk på att sulan måste stå i proportion till den kommande stengärdsgårdens omfång. Hellre en bredare sula och en smalare stengärdsgård än tvärtom.
2. Fyll upp runt sulan med småsten. Muren kan även förankras med makadam som vibreras på plats med en markvibrator.
3. När sulan är klar kan du börja arbetet med att bygga själva gärdet:
4. Första lagret av sten bör alltid ligga under marknivå för maximal stabilitet.
5. Börja med stora stenar i botten och arbeta dig uppåt. Sträva efter att gärdet ska luta en aning in mot mitten för att skapa hållbara och underhållsfria byggnationer.
6. Undvik all form av bruk, både cement och betong, och låt stenarna kila fast mot varandra. Behöver du en grind genom gärdet kan du gräva ner stolpar i sten som du sedan anlägger muren mot.
7. Försök att hitta stenar med en naturlig platt del som kan användas i gärdets ytterdelar. Stensidan som visas på utsidan kallas för *visesida* och bör vara slät och följa murens yta.
8. Den övre delen av stenen kallas byggyta och den nedre delen kallas liggyta. Tänk på att byggytan bör vara så stor som möjligt och luta något inåt. Det gör att nästa sten vilar stadigt på den undre. Undvik små liggytor och satsa på breda stenar med en så stor liggyta som möjligt, det ger stabila gärden som håller i generationer.

Hur hög stengärdsgården ska vara är en smaksak, men sträva efter att åtminstone bygga en meter höga gärdsgårdar.

068
Så skapar du en egen kullerstensgård

INGET ÄR SÅ vackert – och beständigt – som en kullerstensgård mellan bostadshus och uthus. Med tiden blir den visserligen en grogrund för ogräs, men med rätt skötsel håller kullerstensgården i en evighet.

Det är varken svårt eller speciellt dyrt att anlägga en kullerstensgård, däremot arbetskrävande och tungt. Räkna med ett par veckors arbete, beroende på hur mycket kullersten du ska lägga, och ta hem allt material innan du börjar arbetet. Det är inte helt fel att hyra en liten grävmaskin.

Innan du börjar gräva måste du försäkra dig om var regnvattnet tar vägen. Har du haft stående vattensamlingar förut eller rinner vattnet bort av sig själv? När du ändå har gårdsplanen uppgrävd kan det vara läge att lägga dränering och bygga stenkistor runt stuprör och utkast.

Kullerstensbeläggningar är snygga men kan vara svåra att gå på. Var noggrann när du lägger stenen i gångar och vid trappor – ju jämnare desto bättre.

På landet är det knappast några problem att hitta sten till en kullerstensgård. Fråga var potatisodlaren tömmer sina stenfickor eller leta längs gamla odlingsrösen. Tänk på att man inte får förstöra odlingsrösen och stengärdsgårdar och fråga alltid markägaren om lov. Annars säljer många stenleverantörer kullersten i lösvikt. Ett ton sten räcker till 2–4 kvadratmeter beroende på hur stora stenarna är.

GÖR SÅ HÄR

1. Gräv bort 15–20 cm av innergårdens ytskikt. Jämna till underlaget, ta bort rötter som sticker upp och avsluta med en geotextil mot marken för att hålla isär gruset och jorden under.
2. Bygg upp med ett lager grovt gruskross, 10–12 cm brukar vara bra. Ett tips är att låta lastbilschauffören tippa gruskrosset direkt i hålet, så slipper du det mödosamma arbetet med att kärra det tunga gruset.
3. Pressa och komprimera bärlagret med en markvibrator som du hyr av en maskinuthyrare.
4. Lägg på ett 5 cm tjockt lager med sättsand och placera ut stenarna i sanden. Tänk på att lägga så platta ytor som möjligt uppåt. Börja med mönster runt träd, uthus och husgrunder och arbeta dig sedan utåt gården. Glöm inte att använda en stenstöt för att stöta ner stenen i sanden så att kullerstensgården blir stadig. Ibland behöver man ta bort lite sand för att stenen ska hamna i nivå med de andra och ibland behöver man lägga ett tjockare lager med sand. Är stenen för stor är det bättre att välja en annan.
5. Fyll sedan på med mer sand, sopa ut och jämna till.

7 · PLANERA OCH BYGGA

TIPS!
Bespruta aldrig en kullerstensgård mot ogräs. Använd i stället en grästrimmer eller röjsåg med grästillsats och kör av grässtråna hårt, gärna djupt ner mellan stenarna.

069
Dränera och led bort regnvatten

FÖR ATT LYCKAS med din odling krävs att marken är väldränerad. Tung jord på lerbottnar, i låga dalar eller med liten eller ingen avrinning kräver vanligtvis dränering. Inte minst för att göra jorden enklare att bruka och för att tidigarelägga skörden.

En dåligt dränerad jord är generellt tung och svår att bruka. Skörden blir sen och jordbearbetningen är krävande vilket ställer helt andra krav på både maskiner och redskap. Dränering handlar om att sänka grundvattennivån. Mest effektivt är att leda bort vattenkällor som förser åkermarken med väta. Gräv ett dike till en kringliggande bäck eller anslut ett täckdikningsrör som leder bort vattnet från åkern. Ju tyngre jorden är desto tätare måste dräneringsdikena ligga.

Vanligtvis behöver tunga lerjordar dräneras oftare än lätta jordar, men bara för att man har sandjordar på gården behöver inte det innebära att vattnet aldrig hamnar över marknivån. Har du ingen erfarenhet av att dränera är det kanske bäst att du vänder dig till en erfaren grävare för att få råd och tips kring dränage, lutning och avrinningssystem.

De två vanligaste typerna av dikning är öppna diken och täckdikning. Ett *öppet dike* är i särklass det allra enklaste, även om lätta jordar ofta rasar. Man gräver helt enkelt ett dike med sluttande sidor, för hand eller med maskin, och tillräckligt djupt för att översvämningsvattnet (det höga grundvattnet) ska sugas ut i dikena och ledas bort från fälten.

Hur djupt diket ska vara är svårt att säga. Gräv och utvärdera efter hand. Helst vill man inte ha grundvattennivån närmare markytan än omkring en halvmeter, gärna betydligt lägre än så. Har du möjlighet att sänka vattennivån med minst en meter så bör du göra det. Då är marginalerna större om fälten drabbas av ihållande regn.

Tänk på att öppna diken då och då måste rensas från både ogräs och jord. Dessutom behöver de grävas om vart tionde år.

Täckdikning innebär att man gräver en djup kanal och lägger ner en täckdikningsslang i botten som ansluts till en brunn eller ett avrinningssystem. Till skillnad från öppna diken kräver täckdikningen inget underhåll alls. Tänk på att lägga slangen tillräckligt djupt så att den inte påverkas av jordbearbetningsredskap och glider ur sitt läge. Det är också viktigt att man lägger ner slangen med ett nödvändigt fall så att dräneringen inte täpps igen efter några år. Skulle det mot förmodan bli stopp i dräneringen så kommer du att upptäcka det i form av vattensamlingar på ytan. Då är lösningen att lyfta slangen på nytt.

Vill du av någon anledning inte gräva ner plast i marken kan du använda dig av alternativa lösningar. Ett exempel är uppochnervända tegelpannor eller tegelrör som försluts på samma sätt som täckdikningsrör. Det går också att fylla diket med sten och hoppas på en naturlig avrinning. Båda dessa alternativ kräver dock mer underhåll och behöver grävas om oftare.

070
Tak av naturmaterial

ETT TORP MED vasstak är en klassisk och vacker syn. Det som länge såg ut att vara ett utdöende hantverk efterfrågas igen och vasstakläggarna är fullbokade flera år i förväg.

Vassen växer naturligt vid sjöar i fuktiga miljöer, där den utvecklar ett skydd mot fukt och står emot vattentrycket som annars skulle sprida sig in i vassens kärna. Hållbarheten som vassen utvecklar gör den ytterst lämplig som takbeklädnad där det tjocka vasstaket fungerar som en mössa och skyddar huset från regn och rusk. Trots sin naturliga struktur skadas inte vassen av röta. Den är slitstark, elastisk och står emot stötar väl. Vintertid expanderar vasstråna för att under sommaren krympa ihop och hålla vattnet ute.

Till skillnad från många andra takbeklädnader kan man gå på ett vasstak utan att riskera att falla igenom. Med vasstak behöver man ingen ventilation i huset, vassen ger en bra luftförsörjning till hela byggnaden. Ett normalt vasstak (25–35 cm tjockt) motsvarar 10 cm syntetisk isolering och väger bara 35 kilo per kvadratmeter. Vasstak kan i princip läggas på vilka tak som helst så länge taklutningen är större än 35 grader.

Trots att klassiska vasstak håller i uppemot 50 år måste taknocken bytas vart femte eller vart tionde år. Kupor med dåligt takfall behöver ses över. Arbetet går fort och blir vanligtvis inte särskilt dyrt. Takunderlaget görs av råspont och täcks med en brandsäker duk. Genom att binda vassen eller halmen direkt i underlaget minskar du risken för bränder på bästa sätt.

Även om du rent teoretiskt skulle klara av att lägga vasstaket själv så är det ingen god idé att ge sig på ett vasstak. Att däremot hjälpa en professionell takläggare är en helt annan sak som förmodligen föder ett intresse. Det går heller inte att skörda vassen hur som helst utan vass från specialodlingar är att föredra.

ANDRA TAK AV NATURMATERIAL. Det finns numera en uppsjö av olika sedumtak (tak med växtlighet) som lämpar sig för tak med liten taklutning. Torvtak har också blivit aktuella igen, då det numera finns effektiva underlag på marknaden som håller betydligt bättre än näver.

071
Bygg en egen jordkällare

ATT LAGRA MAT i jordkällare är en gammal metod som börjar bli populär igen. Framför allt rotfrukter mår bra av jordkällarens låga temperatur och höga luftfuktighet.

Har du möjlighet att renovera en gammal jordkällare bör du tacka ja direkt. De gamla källarna är hållfasta och ofta byggda i natursten med kilade valvkonstruktioner som håller i princip för evigt. Dock är det vanligt att gamla jordkällare är för kalla vintertid, men det hanteras enkelt med mer isolering, vanligtvis matjord eller frigolit. Är du osäker på om källaren tål en ökad tyngd av jord kan du alltid använda dig av en markskiva för att minska belastningen på konstruktionen.

Bygger du nytt bör du tänka på att bygga tillräckligt stort och välja en bra ventilationslösning som möjliggör ett luftutbyte genom både dörrar och tak. På hösten är det viktigt att temperaturen sänks snabbt i jordkällaren i samband med att skörden flyttar in. Man kan då komplettera självdraget med en fläkt som blåser ut överskottsvärmen genom taket.

Låt gärna ventilationsröret (12–15 cm i diameter) sticka upp omkring en meter ovanför taket för att gynna ett tillräckligt luftdrag. Tänk också på att vatten inte får tränga in i jordkällaren, varken genom tak, väggar eller golv. Uppifrån tätar man med kallasfalt eller markskivor och golvet dräneras väl.

GÖR SÅ HÄR

Sträva efter att placera jordkällaren så att entrédörren hamnar i norr eller öster. Solens värme påverkar då temperaturen inne i källaren som minst.

Allra helst gräver du in källaren i en slänt, men du kan också bygga en kulle där jordkällaren täcks av matjord. Det är inte fel att sänka ner jordkällaren rakt ner i marken (till det behövs en grävmaskin). Vissa kommuner kräver bygglov och andra inte. Kontakta alltid kommunens byggnadskontor innan du sätter igång och bygger. Har du svårt att bedöma grundvattnets djup kan du få hjälp av kommunen, eller anlita en konsult i vattenteknik.

Ska du *mura upp* källaren behöver du först göra en grund som isoleras och dräneras väl.

Gjut gärna en sockel i betong, men undvik betong i golvet och låt i stället markfukten diffundera genom ett lager av makadam eller singel. Mura väggarna med lecablock. Glöm inte uttag för el så du kan få både lyse och ström till eventuellt klimatsystem. Dörren får absolut inte vara fuktkänslig, då kan den svälla och bli omöjlig att öppna och stänga. Var noga med alla tätningar för att undvika att möss och råttor kommer in i källaren.

Gjut ett armerat tak i betong, så starkt att det klarar tyngden av det isolerande matjordslagret. Fyll upp med ett rejält lager matjord (70–110 cm) och plantera eventuellt gräs eller fetbladsväxter på kullens topp.

Numera kan man även köpa färdiga jordkällare, antingen i glasfiberarmerad plast eller i betong.

072
Betongrör i marken
ENKEL VARIANT AV JORDKÄLLARE

ETT ENKLARE ALTERNATIV till att bygga en riktig jordkällare är att förvara grönsaker och frukt i ett nergrävt cementrör. Isolera väl runt omkring och fyll cementröret med grönsaker och halm.

Välj inte en större diameter på cementröret än vad du tror dig kunna fylla upp. I ett alltför stort rör kan det vara svårt att hålla plusgrader när kylan kryper under nollstrecket. Se ut en torr och väldränerad plats i trädgården, gärna nära husets grund, för att ta del av spillvärmen som letar sig ut från grunden. Ett tips är att gräva ner röret när grundvattennivån står som högst tidigt på våren, för att vara säker på att det verkligen inte sipprar ut vatten i ditt grävda hål. Sänk ner röret i marken och fyll upp med grus både inuti och runtomkring röret. Isolera gärna utsidan med hjälp av frigolit.

Tänk på att förvaringsutrymmet inte bör vara djupare än 100–120 cm. Är det risk för att marken blir vattensjuk bör du gräva ytterligare någon meter och börja med en stenkista längst ner i botten. Alternativt kan du lägga stenkistan en bit bort och låta en tunn dräneringsslang leda vattnet från förvaringstunneln till stenkistan bredvid.

När du väljer lock behöver du hitta ett skydd som inte bara skyddar från nederbörd uppifrån. Locket måste också vara välisolerat och förhindra att kylan kryper ner i konstruktionen. Har du svårt att få locket att hålla tätt kan du montera ett större cementrör (med vidare diameter) ovan mark och täcka med ett klassiskt brunnslock som används på gator och torg.

Montera gärna ett litet ventilationsrör, 2–3 cm i diameter, rakt i locket för att öka luftcirkulationen. Glöm inte att täcka hålet när vintern kommer.

Sedan är det bara att fylla upp förvaringsröret med trädgårdens godsaker. Försök att skilja på frukt och grönsaker för att äppelskördens etylengas inte ska förstöra resten av skörden.

Förvara lök, morötter, potatis, palsternacka och trädgårdens alla rotfrukter i röret. Även squash mår bra i cementröret, liksom kål som trivs med en lagringstemperatur runt nollstrecket, gärna med en luftfuktighet på 90–95 %. Lägg kålen i en kartong av papper eller rakt i en nätsäck och sänk ner i cementröret. Efter hand som du plockar upp frukt och grönt fyller du på med halm för att stänga ute kylan.

Bortsett från ren vinterförvaring kan du också använda cementröret som extraförvaring under sommaren. Nackdelen är att det är svårt att stuva om i röret när du hamnar på mage med överkroppen långt ner i cementröret.

073
Första hjälpen
OM OLYCKAN ÄR FRAMME

NÄR DET HANDLAR om första hjälpen kan förbandslådan utgöra skillnaden mellan att klara sig själv och att behöva åka in till sjukhus eller åtminstone till en vårdcentral.

Ett bra tips är att sätta in förbandslådor på de ställen där skadorna kan uppkomma – en låda i stallet, en annan i verkstaden och en tredje inomhus. Tänk också på att lägga en förbandskudde i bilen.

Viktigast av allt, anmäl dig till en kurs i hjärt- och lungräddning och en kurs i grundläggande första hjälpen. Och följ upp med nödvändiga repetitionsutbildningar varje år.

Det finns en uppsjö av olika förbandslådor på marknaden. Välj gärna en modell för förvaring i väska. Enklast är att köpa ett komplett paket, men det går lika bra att följa packlistorna nedan och skaffa allt på egen hand. Tänk på att alla i familjen ska känna till var förbandslådorna finns.

Den lilla lådan: Sårtvätt, plåster, första förband, kompresser i olika storlekar, kirurgtejp och elastisk binda.

Den större lådan: Sårtvätt, plåster, kirurgtejp, hudvänlig suturtejp (för att dra ihop större sår som inte behöver sys), mitella, elastiska bindor av olika slag, kompresser, sax, första förband, handskar, självhäftande plåster/förband (som inte fastnar i hud, hår eller sår), brännskadekompress och en ordentlig L-ABC-instruktion (Läge, Andning, Blödning, Chock). Det är heller inte fel att lägga i ett munskydd som du kan använda vid inblåsningar om du behöver assistera andningen vid hjärt- och lungräddning.

GLIPANDE SÅRSKADA. Tvätta noga med tvål och vatten, sårtvättslösningar behövs inte alls. Använd suturtejp och dra ihop sårskadan. Vid större skador eller om sårskadan sitter i ansiktet bör du åka till vårdcentralen.

GETING- OCH BISTICK. Sitter gadden kvar kan du försöka plocka bort den med en pincett. Lindra gärna rodnaden med kyla eller aloe vera-gel. Om du får nässelutslag eller irritation i luftvägarna kontaktar du självklart sjukvården. Är andningen påverkad, ring 112.

NÄSBLOD. Sitt stilla och pressa tummen och pekfingret hårt längs med näsroten. Luta dig framåt och absolut inte bakåt, då kan blod rinna ner i svalget och orsaka kräkningar. Drabbas du ofta av näsblod finns det ett slags gelatinsvamp på apotek, som hjälper till att stoppa näsblödningen. Det går också bra att stoppa upp bomull, som fuktats med matolja eller vaselin, i näsan.

STUKAD FOT ELLER HAND. Minska risken för svullnad genom att placera foten eller handen i högläge så fort som möjligt. Lägg på en kraftig elastisk binda och linda lagom hårt, nerifrån och upp. Låt sitta i 10 minuter, sedan plockar du bort lindan och låter skadan vila. Upprepa trycket 2–3 gånger. Avsluta sedan med en stödjande linda, inte alls hårt lindad. Om du lindar bindan för hårt gör det snart ont, efter ett tag riktigt ont. Då släpper du på trycket och låter blodet cirkulera.

För att lindra värken kan du prova paracetamol, 2 st tabletter à 500 mg 4 gånger dagligen, eller ibuprofen, 1 st tablett à 400 mg 3 gånger dagligen. Vid stark smärta kan du kombinera paracetamol och ibuprofen.

SMUTS I ÖGAT. Blinka mycket så att tårarna rensar ögat. Om det inte hjälper kan du skölja med vanligt vatten. Om du fått metallflisor, frätande ämnen eller träflisor, glas eller mineralull i ögat bör du kontakta sjukhus. Om du råkar få ett frätande ämne i ögat ska du skölja med rikliga mängder vatten. Fortsätt att skölja också under färd till sjukhus. Känns det ohanterligt? Ring 112.

074
Ta hand om dina uthus

GAMLA GÅRDAR PÅ landet har ofta många uthus. Renovera i gammal stil och lite i taget, och lägg pengarna på det som verkligen gör skillnad – bra dränering, bra tak och hela fönster.

GRUND. Det är viktigt att husgrunden är stabil och dränerad. Byt inte ut en gammal stengrund mot en modern sula i betong. Många äldre socklar har genom tiderna förbättrats med cement, ett material som lätt får sprickor. Ett bra sätt att renovera en sådan grund är att knacka bort all cement och sedan putsa hela grunden med kalkbruk. Lägg en fotbräda som skydd mellan panelavrinningen och putsgrunden. Till skillnad från cement är kalkbruket följsamt och klarar små sättningar utan att spricka.

Har en av grundstenarna trillat ur sitt läge kan du enkelt trycka tillbaka blocket till dess rätta position med ett spett. Är däremot hörnstenen förskjuten ur sitt läge krävs kanske domkrafter för att få stenen på plats.

Lappa grunden efter hand och avvakta större ingrepp. Husgrunder är sällan i så dåligt skick som de kan ge sken av. När det gäller dränering behöver man absolut inte göra så omfattande arbeten som kring bostadshus med källare. Oftast ligger gamla gårdar på markbitar med en naturlig avrinning. Se till att leda bort takvatten, antingen till stenkistor eller till nergrävda avloppsrör som leder till en damm eller ett avlopp längre bort.

STOMMEN. Låt bli att byta hela timmerstockar i timrade hus utan byt bara de delar som är dåliga. Använd domkraft och lyft huset tillräckligt mycket för att du ska få ut den gamla stocken och kunna lägga dit en ny. Undvik raka skarvar och sträva efter att anlägga så kallade blixtskarvar som låser fast den nya timmerdelen.

När det gäller skiftesverk renoverar du på samma sätt som med timmerhus, med den stora skillnaden att det är enkelt att byta ut bålen (de längsgående brädorna) utan att lyfta eller förändra konstruktionen. Har däremot ständarna (de vertikala bärande delarna) drabbats av röta krävs mer omfattande arbeten där huset måste fixeras innan ständaren kan bytas, för att undvika sättningar och ras i konstruktionen. Tänk på att undersöka orsaken till att konstruktionen drabbats av röta. Är det fuktigt i marken, krävs dränering, eller finns det näraliggande rabatter som kan få fukten att vandra in i konstruktionen?

TAK. Att taket är helt är en förutsättning för att huset ska må bra. Byt tegelpannor som läcker och se över underlagspapp eller träspån i de fall huset inte har takpapp. Känns underlagspappen dålig kan det vara en god idé att byta pappen, men återvinn så mycket som möjligt av tegelpannorna. Även gamla tegelvarianter går att hitta hos byggvårdsbutiker och rivningsfirmor. Har du däremot stora ladugårdar med dåligt tak är förmodligen plåttak den enklaste och mest prisvärda lösningen över tid. Kasta aldrig gamla tegeltak och var rädd om varje tegelpanna.

FÄRG. Stora ytor på gårdshus och ladugårdar målas enklast med slamfärg, ett billigt och prisvärt sätt att få stora ytor skinande nya. Gäller det bostadshus så är linoljefärgen oslagbar.

FÖNSTER. Skrapa bort gammal färg och måla med linoljefärg. Byt torkat kitt och ersätt med nytt och följsamt linoljekitt. Se över droppnäsor och fönsterbleck för att förhindra att vatten tränger sig in i konstruktionen. Laga trasigt glas – även i uthus – och se över hakar och lås.

075
Bygg ett eget stall

UTAN ALLTFÖR MYCKET krav på ventilation och design är en gammal ladugårdsbyggnad det absolut billigaste sättet att få bra och ändamålsenliga stallplatser. Du får dessutom plats med fler boxar och kan ta emot inackorderade djur som betalar en del av dina kostnader.

Planerar du att bygga om en gammal ladugård till stall så behöver du lägga igen gödselrännan. Det enklaste sättet är att fylla hela rännan med sten och sand och sedan lägga betong (8–10 cm) över rännan. Då får du ett jämnt golv där boxarna kan bultas rakt i betongen. Tänk också på att ta bort fodergången för att skapa en så öppen yta som möjligt. Men är fodergången högre än golvet i övrigt får du förmodligen acceptera att den står kvar.

Bygg hellre stort än litet och fundera på om du ska bygga inredningen själv eller köpa färdiga konstruktioner i fackhandeln. När du ändå bygger, glöm inte att dra in vatten, el och avloppsledningar. Investera förebyggande i modern el och tillhörande jordfelsbrytare, för både din och djurens skull.

För att välja rätt storlek på box måste du bestämma dig för vilka djur som ska vistas i stallet. Hellre stora boxar som fungerar till alla djur än små utrymmen som begränsar stallets omfång.

Det finns minimimått som måste vara uppfyllda för att en byggnad ska få användas som stall. Förutom boxens storlek regleras också takhöjden, alltså hur högt det måste vara mellan golv och innertak. Måtten är anpassade efter stordrift och det är förstås ingen som hindrar dig från att ge djuren mer utrymme och generösa boxar. För aktuella måttangivelser, se Jordbruksverkets hemsida.

Numera kan man köpa prisvärda stall som byggsats, i första hand inriktade på hästar men också till får, grisar och getter. Hör alltid med leverantören vad det kostar att måttanpassa ett stall enligt dina specifika mått. Det brukar bli billigare att beställa specialmått än att försöka korrigera byggsatsen i efterhand.

076
Så bygger du ett enkelt hönshus

OAVSETT OM DU planerar att vara självförsörjande på ägg eller drömmer om att kunna sälja ekologiska ägg behöver hönsen ett hönshus. Bygg stort, åtminstone om du planerar att hålla på med höns under lång tid.

Höns trivs egentligen var som helst, både i trånga utrymmen och i stora längor. Enligt Jordbruksverket får man ha 9 höns/kvm om hönsen väger mindre än 2,4 kilo, och 7,5 höns/kvm om de väger mer än så. Det utrymmet är dock väldigt litet och de flesta väljer att kalkylera med 3 höns, andra med 1 höna/kvm. Dessutom måste hönsen ha tillgång till strö på åtminstone en tredjedel av hönshusets yta, helst ännu mer.

För *hönsgården* finns inga minimimått, men hönsen sätter gärna i sig allt som finns att äta. Så vill du inte ha en jordskrapad hönsgård måste du ha stora utrymmen, eller möjlighet att flytta hönsgården.

Tänk på att hönshuset ska vara dragfritt, gärna ljust och lätt att städa. Betonggolv är att föredra, gärna med golvbrunn. Stora fönster som släpper in dagsljus är också bra mot skadedjur som trivs i fukt och mörker.

Gör så här

Regla upp ramverket med 45×95 mm reglar som bultas direkt i betongplattan. Spika panel på utsidan och klä insidan med gips eller byggplywood. Taket kan du klä med plåt eller tegelpannor. Glöm inte att isolera väggar och att spika ett undertak för att ge hönsen bättre skydd under vintern. Kombinera gärna fasta dörrar med nätdörrar för luftgenomströmning och maximal flexibilitet. Om du väljer hönslucka i stället för dörr bör den vara dubbel för att undvika drag. Luckan ska också monteras en bit ovanför marken eftersom hönsen annars sprätter ut mycket av ströet.

Sätt inte friskluftsventiler nära sittpinnarna, inte heller nära redena. Tänk på att all belysning måste vara godkänd för utomhusbruk.

Bygg dörren tillräckligt bred för skottkärran. Planera takhöjden så att du kan gå raklång och arbeta där inne. Glöm inte att dra in el, både till taklampor och eventuella värmelampor om du planerar att kläcka egna kycklingar (äggkläckningsmaskiner är toppen). I förberedelserummet är det bra om det finns vatten och avlopp.

REGLER. Varje sittpinne ska vara minst 150 mm lång och varje höna måste ha tillgång till minst en egen sittpinne. Centrumavståndet mellan pinnarna ska vara 300 mm eller mer och minsta avståndet från en vägg (i sidled) ska vara 200 mm. Tänk på att stora höns behöver stora pinnar. Det krävs minst ett rede per handfull hönor, men bygg gärna fler. Det ska också finnas plats för sandbad, fodertråg och vattenautomat/skål.

VÄRPREDE. Vissa föredrar 25×28×30 cm stora reden medan andra kör 30 cm rakt igenom. Klä gärna insidan av redet med kartong som enkelt kan bytas ut när redet blir smutsigt. Undvik platta tak eftersom hönsen gärna sitter där och bajsar. Inred redena med strö i botten och halm ovanpå. Ju mörkare desto bättre gäller för redena, till skillnad från resten av hönshuset.

Ovanstående mått är minimimått för stordrift, i ett småskaligt självhushåll bör redena vara betydligt generösare. Det finns också utrymmesregler gällande vattentråg och fodertråg, läs mer på Jordbruksverkets hemsida.

077
Bygg ett eget utedass

SATSA PÅ ETT snyggt utedass, gärna i samma stil som huset, och välj en miljövänlig toalettlösning.

Bygg ett luftigt dass som monteras på plintar i marken. Regla upp ett ramverk och klä sidorna med lockläktspanel. På taket, ett klassiskt pulpettak, kan du lägga papp, plåt eller vanliga takpannor. Till dörr används en färdig förrådsdörr eller en hemsnickrad variant som du klär med slätspont.

FÖRMULTNINGSTOALETT. Den enklaste varianten där både urin och avföring hamnar i samma utrymme. I bästa fall blir avfallet en utmärkt kompost, i värsta fall en illaluktande flugsamlare. Själva förmultningsprocessen sker i toaletten ovan mark eller i en speciell behållare under mark. Det är inte fel om kompostkammaren ligger rakt i solen eftersom värmen hjälper till att bryta ner avföringen. Glöm inte luftning. Pris: 5 000–25 000 kr.

URINSEPARERANDE TOALETT. Betydligt bättre än förmultningstoaletten. Eftersom urin och avföring separeras minskar risken för dålig lukt. Urinen kan blandas med vatten till näringsrikt guldvatten att gödsla med. Avföringen samlas i en speciell behållare och kräver efterkompostering, se tips nedan. Pris: 3 000–8 000 kronor.

FRYSTOALETT. Prisvärd toalett som varken kräver vatten- eller avloppsanslutning. Toaletten fryser ner avfallet till -15 °C med hjälp av ström, vilket utesluter risken för dålig lukt. Man behöver inte använda strömaterial i toaletten. Pris: från 13 000 kronor.

FÖRPACKNINGSTOALETT. Med hjälp av små engångsförpackningar av komposterbar majsstärkelse portionsförpackas avfallet i avfallsbehållare under golvet. Efter varje spolning matas en ny spolfolieremsa fram, som automatiskt försluts efter nästa toalettbesök och hamnar i avfallsbehållaren. Kräver varken ström, vatten eller avlopp. Påsarna kan sedan komposteras i speciella latrinkomposter. Pris: runt 6 000 kronor.

FÖRBRÄNNINGSTOALETT. Med hjälp av en gasolbrännare (det finns också elbrännare) bränns avfallet till aska som sedan kan spridas i trädgården. Liten risk för dålig lukt och väldigt lite restprodukter (normalt några deciliter per person och månad). Förbränningskammaren är vanligen inbyggd i toaletten. Pris: från omkring 30 000 kronor.

Avfall och kommunen

Undersök vilka regler som gäller för utedass. Regelverket skiljer sig markant mellan olika kommuner i landet. Vissa kommuner kräver tillstånd för att få vattna med urin. Kolla med kommunen innan du investerar i en urinseparerande toalett.

Alla färdiga latrinkomposter måste föregås av ett tillstånd från kommunen. Vanligast är att man använder två behållare som används växelvis. Längst ner i botten lägger man ett lager med torvströ och sedan varvar man latrinavfall med trädgårdsavfall eller torvströ. När behållaren är fylld till två tredjedelar avbryter man komposteringen i den aktuella behållaren och låter materialet vila i runt ett halvår. Under tiden använder man latrinkomposten bredvid.

Efter sex månader kan komposten spridas ut i trädgården, med fördel under buskar och i hagmarker. Undvik att använda kompostmaterialet i köksträdgården.

8. UTHUS

078
Växthus av gamla fönster

FÅ PLATSER är så njutbara som ett eget växthus. Ännu bättre blir det om huset är tillverkat av material som någon annan kastat.

Har du inga egna gamla fönster, fråga grannarna när de byter fönster, eller leta bland annonser. Det viktiga är inte enkelglas- eller tvåglasfönster utan utseende och antal bågar. Leta efter så många likvärdiga bågar som möjligt och välj hellre standardmått än uddamått – om du inte har turen att hitta ett vackert bågformat fönster eller oemotståndliga småspröjsade fönster. Då får växthuset växa fram ur dessa former. En bra arbetsstrategi brukar vara att samla på dig så många fönster du bara kan komma över. Tänk stort och samla gärna idéer från slott och herresäten!

VÄXTHUS ELLER ORANGERI

1500-talets orangerier kom till för att övervintra citrusträd och andra väderkänsliga växter i kruka vid norra Europas slott och herresäten. Ett bra sätt att kombinera orangeriets och växthusets fördelar är att låta norrsidan i växthuset bestå av en murad vägg, som sedan byggs ihop med resterande växthus i glas. Väggen behåller värmen längre in på hösten och kan få tomaterna att ge frukt långt in i november, åtminstone i södra Sverige. Med en kamin som värmekälla får du en ännu längre säsong och ett fantastiskt mysigt uterum.

Hur stort du ska bygga beror naturligtvis på vad du ska ha växthuset till. Ska du odla i kruka, i odlingsbäddar eller använda växthuset också till fest och vardag? Tänk stort och bygg ännu större, brukar vara en bra strategi. Mindre än 12 kvadratmeter är verkligen litet. 20 kvadratmeter räcker gott till både odling och umgänge. Sedan handlar det om plats, budget och innehåll. Räkna med att det kostar runt 15 000–20 000 kronor att bygga ett 12 kvadratmeter stort växthus.

GÖR SÅ HÄR

Enklast är att bygga en ram av reglar som sedan målas och där bågarna skruvas fast rakt i ramverket. Då behöver du inte ta loss glasrutorna ur bågarna utan kan bygga växthuset efter bågarnas bredd och höjd. En variant är att plocka ur rutorna ur bågarna och montera dem rakt i växthusets ramverk med hjälp av spik och kit, vilket är snyggare, men kräver betydligt mer jobb. Då har du också möjlighet att skära rutorna i precis de mått du önskar.

Utseendemässigt är glastak att föredra, men många tycker att det är för besvärligt. Att bygga tak av korrugerad plast är naturligtvis enklare, men inte lika fint.

Välj gamla dörrar, gärna pardörrar. Tänk på att entrén måste vara tillräckligt bred för skottkärran. Isolera gärna grunden ner till frostfritt djup och lägg frigolit som skydd mot markfrost. När du ändå gräver kan det vara lämpligt att dra in både vatten och elektricitet. Tänk också på att montera automatiska fönsteröppnare i taket. Måla hela stommen med naturlig linoljefärg. Undvik helt tryckimpregnerat trä, åtminstone i de delar som ligger närmast grödorna du odlar.

Glöm inte att inreda en härlig sittplats med ett par stolar och ett bord. Det är här du kommer att njuta med en kopp kaffe i handen, året runt.

079
Vitkalka dina väggar

ATT VITKALKA BOSTADSHUS och ladugårdar är en gammal metod som använts ända sedan 1700-talet. Att behandla puts med kalk och vatten är fortfarande det enklaste och billigaste sättet att få en putsad yta fin.

Blanda kalkblandningen enligt formeln 1 del kalk och 4–5 delar vatten. Kontrollera lösningen genom att doppa tumnageln och hålla upp tummen i luften. Om det bildas en tunn slöja där nagelns struktur fortfarande kan ses är blandningen optimal. Kalklösningen ska med andra ord vara tunn, och det krävs 4–5 strykningar för att få en fin och täckande fasad.

Ett bra tips brukar vara att göra första och sista strykningen med det vatten som bildas när kalkblandningen skiktas och det tunga kalket sjunker till botten. Undvik att röra om i hinken och använd en rejäl kalkborste för att applicera kalkvattnet på väggen, som därmed får en extra hållbar yta.

Undvik att stryka kalk på fasaden under årets kalla månader. Måla helst inte i direkt solljus. Försök att måla hela partier på en enda gång och undvik att göra uppehåll mitt på en stor vägg för att slippa färgvariationer över tiden. Kalkblandningen täcker dåligt och väggen ser ofta gråaktig ut så länge den är våt. Men så fort kalken torkar syns en allt vitare yta som efter sista strykningen är i princip kritvit.

Tänk på att putsen bör vara fri från cement. Putsbruk baserat på kalk förstärker kalkets vita egenskaper, medan cementbruk snabbt får den vitkalkade ytan att anta en grå nyans. Dessutom har kalklösningen svårt att fästa på cement.

Färg på huset?

Det går att tillsätta färg, men se till att det är rätt sorts pigment som inte påverkar blandningen negativt. Det finns en rad kalkäkta pigment (jordfärger) i alla varianter av ockra: guldockra, brunröda toner (terra di sienna), umbra (grågröna, grå eller mörka skiftningar) eller järnoxider i rött. En bit in på 1930-talet började man även använda ett grönt pigment, kromoxidgrönt, som snabbt blev populärt. Vänd dig till en byggvårdsbutik för hjälp att välja färger.

TIPS!
Släckt kalk kan med fördel användas också på tegel och ohyvlat trä. Tänk på att ny puts måste hårdna ordentligt, vänta i minst två veckor innan du kalkar. Skrapa bort lösa rester genom att sopa väggen med en rotborste. På en tidigare kalkad vägg räcker det med att du knackar bort löst sittande puts och lagar sprickor och andra skador. Använd gärna en stålborste. Låt torka i ett dygn mellan strykningarna.

080
Tjära

UTMÄRKT SÄTT ATT SKYDDA TRÄ

TRÄTJÄRA ÄR ETT av Nordens äldsta träskyddsmedel, som använts på både slott och koja. Det som inte svärtades blev i stället rödtjärat (tjära som blandades med rödfärgspigment), med samma goda impregneringseffekt. Tjära är fortfarande ett effektivt sätt att bevara träpanel, timmerhus och trätak av spån.

Väderutsatta träytor får snabbt en grånande yta om de inte skyddas med träskyddsmedel. Med tiden kommer träet att vittra och spricka och ett av de bästa, mest prisvärda sätten att skydda trä är att stryka fasaden med tjära. Vanligtvis krävs ett nytt lager med tjära vart femte år på utsatta lägen i söder, medan skyddade lägen i norr sällan behöver underhållas tätare än vart tionde år.

TJÄRBRÄNNING. Den bästa råvaran till tjära är gamla furustubbar, helst brutna i sandig stenrik mark. Så fort träet huggs ner anrikas kådan i stubbens struktur och kan stanna kvar där i uppemot 75 år. Medan yttreäet murknar får kärnträet (töre) en allt starkare koncentration av kåda.

En tjärdal är en ränna i marken där man eldar tjärveden och samlar upp tjäran. Genom att reglera lufttillförseln kan tjärbrännaren styra både viskositet (tjocklek) och färg på den nygjorda tjäran. Först när förbränningen nått djupt in i tjärdalen visar sig tjäran, först som tjärvatten och sedan som en ljus väldoftande tjära som efter hand mörknar och blir trögflytande och beckartad.

I dag finns det flera moderna varianter av tjära i färghandeln. Men den hantverksmässigt tillverkade dalbrända trätjäran är det absolut bästa alternativet, som ger den mest motståndskraftiga ytan och torkar fortast.

GÖR SÅ HÄR

Var noga med att avlägsna flagande ytor och skrapa bort tjocka beläggningar av gammal tjära. Det går också att använda en högtryckstvätt för att få bort gamla rester, men om du använder vatten är det viktigt att fasaden torkar ut innan du lägger på en ny beläggning med tjära. Späd tjäran med 10 % terpentin till den första strykningen, så att tjäran tränger in ordentligt i ytans struktur. Därefter använder du outspädd tjära.

Bäst resultat får du om du värmer tjäran till omkring 70 °C innan du målar och passar på att tjära när solen står som högst, mellan klockan 11 och 15.

På torrt sugande underlag krävs vanligtvis två strykningar. Annars räcker det med en strykning. Räkna med att du täcker omkring 2–4 kvadratmeter per liter under första strykningen och 4–8 kvadratmeter per liter tjära under andra strykningen.

Torktiden varierar och sträcker sig från någon dag upp till flera veckor beroende på tjocklek, luftfuktighet, temperatur, insugning och vind.

SVART ELLER RÖD TJÄRA. Trätjäran är generellt ljus och behöver blandas med kimrök (kolpulver) för att bli täckande svart. Räkna med 0,5–1 kilo kimrök till 20 liter tjära. En lämplig blandning för rödtjära får du om du blandar 1–2 delar rödfärgspigment av Falu ljusröd med 8 delar dalbränd trätjära. Värm tjäran till omkring 60 °C och rör sedan i rödfärgspigmentet. Tjära sedan medan tjäran är varm, helst i direkt solljus.

081
Vikten av växelbruk

VÄXELBRUK HANDLAR OM att rotera gårdens grödor på olika fält och är ett viktigt sätt att ta hand om jorden du brukar. Målet är att skifta mellan ett tagande och ett givande när det handlar om näringsämnen. Även i trädgården är växtföljden viktig.

Redan på 1000-talet började man tillämpa träda som ett viktigt avbrott i växtföljden, och några hundra år senare fortsatte experimenten med ett varierat jordbruk. Först på 1800-talet började man odla vall, en blandning av klöver och gräs, för att binda kväve och samtidigt försvåra ogräsets etablering och tillföra nödvändigt kol till marken.

Tidigt upptäckte man att fyra år mellan skördarna inte var tillräckligt för att förhindra att sjukdomar låg latent i jorden. Man utvecklade därför en sexårig växtföljd som gav ett bättre skydd mot jordtrötthet och sjukdomsspridning.

Många ekologiska bönder följer en sexårig växtföljd, men för hobbyodlaren är en fyraårig variant mer rimlig.

Fyraårig växtföljd

År 1: Odla växter som fixerar kväve och tillför jorden näringsämnen. Exempel: ärter, bönor och andra baljväxter. Lägg ut lite gräsklipp eller gödsla med gödselvatten, något annat krävs sällan. Efter det att bönorna skördats lämnar du kvar blasten och myllar ner växtresterna i marken.

År 2: Fokusera på växter som förbrukar, snarare än bildar näring. Exempel: kål, selleri, purjolök, squash, vitlök, broccoli, gurka och pumpa.

År 3: Gödsla sparsamt och odla grödor som inte kräver speciellt mycket näring, till exempel lök, sallat, persilja, dill och rotfrukter som morot, palsternacka och rödbeta.

År 4: Sätt potatis och jordärtskockor i lätt gödslad mark och plantera eventuellt in någon baljväxt som bondbönor mellan raderna, om du har plats över.

Sexårig växtföljd

Variera grödor som ger och förbrukar näring enligt följande schema.

År 1: Fokusera på gröngödslingsgrödor som har ett djupt rotsystem och mycket bladmassa. De djupa rötterna drar upp näring från djupare skikt dit andra växters rötter inte når. Exempel: åkersenap eller åkerkål, lupiner, fodervicker, blodklöver, honungsört, spenat, senap, strandlusern eller gul sötväppling. Var försiktig så att gröngödslingsgrödorna inte hinner fröa av sig innan du vänder ner dem i myllan. Du kan också välja baljväxter som med hjälp av kvävefixande bakterier tar upp näring direkt ur luften.

År 2: Kål, med gröngödsling mellan raderna. Du kan välja subklöver som inte blir så hög och därmed inte konkurrerar om det viktiga solljuset. Har du brett mellan raderna kan du eventuellt sätta gräs, som sedan klipps med gräsklippare.

År 3: Sallat i omgångar, så hellre lite grann under flera olika tillfällen än allt på en enda gång. Squash, rädisa, pumpa och gurka.

År 4: Ärtor och bönor.

År 5: Plantera rotfrukter, morot, lök, purjolök, rödbeta och palsternacka. Undvik kålrötter och rovor bland rotfrukterna, de räknas till släktet kålväxter och kan sprida klumprotsjuka.

År 6: Potatis för hela slanten, och den mår bra av lite gödsel.

082
Kompostera själv
FÖR PRIMA JORD

OM DU KOMPOSTERAR direkt på marken eller köper ett färdigt komposttråg spelar ingen roll. Med hjälp av mikroorganismer, maskar och svamp förvandlas avfallet till värdefull jord.

Trädgårdskompost

I en trädgårdskompost sker komposteringen direkt på marken. Tänk på att komposten måste vara luftig och lätt. Har du en blöt och tung kompost är det bäst att gräva om hela komposten och lägga den på en ny plats. Många använder två eller tre utrymmen parallellt och har hela tiden färdig kompostjord redo för att användas i odlingen.

Grunda alltid trädgårdskomposten med ett luftigt lager av kvistar och grenar från trädgården. Tänk på att komposten måste ha kontakt med marken under för att maskar och mikroorganismer ska hitta in i komposten. Enklast är att spika ihop gamla pallar till en fyrkant eller använda pallkragar staplade på varandra. För att undvika att komposten torkar ut kan du klä insidan med plast eller väv vilket är extra viktigt om du har breda spalter mellan brädorna eller nät. Lägg aldrig plast i botten av komposten.

Varva trädgårdsavfall med jord eller brunnen gödsel. Tänk på att inte lägga för tjocka lager av varken avfall eller fyllnadsmaterial eftersom nedbrytningen då tar längre tid. Maskarna hittar oftast in i komposten på egen hand. Vill du kontrollera om nedbrytningen satt igång kan du lägga handen ovanpå komposten eller gräva en bit ner i avfallet och känna om det är varmt. Täck sedan komposten med halm, gräsklipp, flis eller plast och låt naturen ha sin gång. Gräv gärna runt i komposten då och då för att lufta.

Kökskompost

Kökskomposten ska alltid vara sluten för att minska risken för skadedjur. Se upp med håligheter eller springor i konstruktionen där råttor och möss kan ta sig in.

Enklaste lösningen är att köpa en isolerad varmkompost i plast. Den är verkligen inte snygg, men mycket funktionell. Ju större utrymme desto bättre, men tänk på att en stor behållare kan vara svår att värma upp på vintern. Det är viktigt att komposten har nät i botten så att lakvattnet inte stannar kvar i behållaren.

Tänk på att varmkomposten sällan fungerar utan strö. Vill du inte köpa strö på påse går det minst lika bra med något av följande: rivet tidningspapper, sågspån, torra löv från trädgården, finhackad halm eller flis i små storlekar, eller torv.

Finfördela så mycket som möjligt av avfallet för att nedbrytningen ska ta fart. Ju större avfall desto längre tid tar nedbrytningen. Bottna gärna behållaren med ris och ett par hinkar med gammal kompostjord från grannens kompost. Undvik att lägga i äggskal och animaliska rester och satsa i stället på ett vegetabiliskt innehåll som bryts ner betydligt snabbare. Många komposterar äggskal, men det tar lång tid för skalen att brytas ner.

Ett tips är att tillsätta strö varje gång man tömmer en hink med avfall i komposten. 75 % avfall och 25 % strö är ett bra riktvärde. Rör om direkt för att få avfallet att komma i kontakt med kompostens alla arbetare. Många varmkomposter levereras med en stor handborr som gör att man enkelt kan skruva ner syre i avfallet.

Varmkompost på vintern

Räknar du med en kall vinter eller bor norr om Småland kan du isolera varmkomposten med halm eller frigolit, eller lägga i färsk hästgödsel som brinner snabbt och alstrar mycket värme.

Bor du centralt kan det vara en bra idé att höra med kommunen vilka regler som gäller för att anlägga en kompost i just din kommun. Slå en signal till miljökontoret.

FELSÖKNING

→ En rutten lukt signalerar att komposten är för blöt (tillsätt sugande material).
→ Ammoniaklukt innebär att kvävehalten är hög (blanda om och tillför kolrikt material, som tidningspapper eller finhackad halm).
→ Många myror i komposten betyder att komposten är alltför torr (vattna och blanda runt).

TIPS!

Saknar du utrymmen för en varmkompost kan du skaffa en komposthink. Med hjälp av effektiva mikroorganismer (EM) kan du omvandla matavfall till jordförbättring på bara några veckor. Du lägger matavfallet i hinken, fyller på med strö (som du kan tillverka själv) och sätter tillbaka locket. När hinken är full låter du mikroorganismerna jobba i ett par veckor innan du gräver ner avfallet rakt i trädgårdslandet. På bara några veckor har avfallet blivit utmärkt odlingsjord.

083
På hösten kommer löven
ANVÄND DEM EFFEKTIVT

SAMLA LÖV I mängder och använd i kompost, som täckmaterial eller skapa dig en egen lövmull.

Se träden som dina assistenter som hjälper dig att odla ansvarsfullt. Inte nog med att löven ger mat åt våra älskade maskar. Löv är också ett utmärkt täckmaterial inför vintern och kan bilda en egen lövkompost, vars lövmull med fördel kan användas i stället för torv. Dessutom blir trädgården torrare och gräsmattan bränns snabbt utan trädens skyddande skugga.

Det är inte länge sedan bönderna använde löv som foder åt djuren. Att hamla träd (beskära träden för att ge maximalt med löv till foder) har i långa tider varit ett prisvärt komplement när foderskörden varit låg eller bristfällig. Ända fram till slutet av 1800-talet var hamling vanligt förekommande i Sverige. I princip användes alla träd utom vildapel och hagtorn till foder, men framför allt var det björk, ask, lind och lönnblad som brukades till foder. Eklöv däremot, användes bara i undantagsfall. Tack vare hamlingen får träden kraft att bli mycket gamla. Trädens knotiga yttre ger gott om föda och boplatser i både krona och hålrum, vilket uppskattas av fåglar som stare, kattuggla, göktyta och blåmes. Men även insekter, fladdermöss och olika sorters lavar och mossor trivs i odlingslandskapet.

Bortsett från att täcka rabatter och trädgårdskompost med lövrester under vintern kan man anlägga en egen lövkompost och få härlig lövmull till trädgården. Det är en perfekt jordförbättrare som ger jorden struktur och behåller vatten. Egentligen är det enklare att göra lövmull än att kompostera trädgårdens avfall, även om det ofta tar 2–3 år innan lövmullen är klar. Använd lövmull precis som torv i jordförbättringssyfte. Men undvik till varje pris torvmullen, eftersom brytningen från torvmossar skapar stora sår i landskapet.

GÖR SÅ HÄR

År 1. Samla ihop trädgårdens löv och lägg dem i en öppen behållare av nät eller brädor.

År 2. Nästkommande höst vänder du på lövhögen som nu sjunkit ihop avsevärt. Kontrollera att lövkomposten inte är snustorr. Är den för torr kan du behöva vattna då och då. Tillsätt gärna några hinkar gräsklipp som får fart på nedbrytningen. Gräset har även en gödslande effekt på lövmullen, som annars är rätt näringsfattig.

År 3. På hösten det tredje året är löven nedbrutna och lövmullen klar.

084
Jordförbättra i stället för att köpa jord

FÖR ATT FÅ bra mullrik jord krävs det att du lär känna jorden där du bor och verkar. Analysera jorden och tillför det som marken saknar – kompost, mull och organiskt material.

För att växterna ska trivas krävs inte bara en välgödslad jord. Minst lika avgörande är strukturen, att jorden är porös och luftig så att de livsviktiga maskarna trivs. Beräkningar visar att en daggmask kan producera så mycket som ett gram gödsel om dagen. Det innebär att 1 000 daggmaskar tillverkar 1 kilo gödsel per dag som gör marken produktiv och bördig.

Generellt består jord av fyra olika material: mullämnen, porer, mineralpartiklar och levande organismer. Den största massan är mineralpartiklar, korn som vittrar sönder från olika material i berggrunden. Storleken på partiklarna avgör vilken typ av jord som dominerar i odlingen. Störst korn har sandjord, en varm, porös och lättarbetad jord som gynnar rotfrukter. Nackdelen är att sandjordar snabbt torkar ut och att de är dåliga på att lagra näring.

Minst korn har *lerjorden* som är näringsrik, grynig och fuktbevarande. Lerjorden är tung och kladdig och kanaliserar kyla vilket innebär att säsongen startar sent. Fördelen är att marken sällan torkar ut och att regnvattnet håller marken fuktig långt efter sommarens efterlängtade regn.

Mitt emellan sand- och lerjordar ligger olika typer av mojordar och mjäljordar. *Mojorden* är indelad i grovmo och finmo, där finmojorden innehåller mest näringsämnen. *Mjäljorden* är blöt, kompakt och kall, enligt många en riktig problemjord som kräver stora insatser och mycket jordförbättring.

I Småland och långt upp i norr finns dessutom *moränjordar* som består av stora mängder grus och sten, en mager jordart som vanligtvis ger små skördar. I stora delar av Skåne finns dock *moränleran*, en bördig jordart som består av en hög lerhalt.

Hur mår din jord?

Ett enkelt test innebär att du pressar ner grepen i jorden ända ner till skaftet. Gick det enkelt, utan att du behövde stå på grepen? Grattis, då är jorden porös.

Kontrollera om det finns levande organismer i jorden genom att gräva ner en klump med gräsklipp 10–15 cm under markytan. Ett par månader senare gräver du på samma ställe för att se vad som hänt. Har gräsklippet förmultnat är jorden full av liv, men är gräsklippet fortfarande kvar så saknas levande organismer och jorden är i princip död.

FÖRBÄTTRA LERJORD

Vad du än gör så blanda inte sand i styva lerjordar, då blir jorden ännu mer kompakt. Tillsätt i stället mullämnen som får lerjorden att bli bättre på att lagra näring och vatten.

Höstgräv ordentligt. Gräv gärna djupt, ända ner till två spadar djupt, och vänd upp och ner på lerbyltena. Under vintern kommer frosten (om det fryser vill säga) att spränga sönder byltena och göra jorden mer porös. Blanda ut jorden med organiskt material som kompost, bark- eller torvmull och gärna lite stallgödsel.

Undvik att bearbeta jorden med jordfräs innan du vårsår och marktäck gärna mellan grödorna under hela sommaren.

Gröngödsling luckrar inte bara upp jorden utan tillför också marken näring. Efter några år kommer du förmodligen att notera att jorden mörknat en aning, ett tecken på att mullhalten höjts.

Undvik att gå på jorden för att minska risken för jordpackning.

Du kan också odla gräsmatta i odlingsbäddarna under en eller två säsonger, för att sedan odla grönsaker i den tidigare gräsmattan. Eller så för du in gräsodling i växtföljden för att få lerjorden mer bördig i ett längre perspektiv. På så vis får du en mer omfattande växtföljd och risken för att jorden ska lakas ur på näring minskar.

FÖRBÄTTRA SANDJORD

Tillför organiskt material som kompost, bark- eller torvmull och gärna ett par grepar stallgödsel. Under hela odlingssäsongen kan du marktäcka odlingen med gräsklipp mellan raderna av grödor. Gräsklippet ger näring och hjälper till att behålla markens fukt. Fortsätt gärna med marktäckning långt in på hösten och täck jordytan också där du har skördat, med halm, gräsklipp eller växtrester. Först framåt våren sätter du grepen i jorden igen och rör om före sådd.

085
Kräftfiske

LYX ELLER SJÄLVHUSHÅLL?

KRÄFTFISKET ÄR EN högtidlig stund på året som får augustikvällarna att dröja kvar i tankarna. En rolig aktivitet för hela familjen.

För att fiska kräftor behöver du vara yrkesfiskare med ett speciellt tillstånd som söks och beviljas via Länsstyrelsen. Har du eget vatten behövs varken yrkesfiskelicens eller kräftfisketillstånd utan där är det i stället fiskerättsinnehavaren som själv förvaltar kräftbeståndet. Det innebär att man kan fiska kräftor hos grannen, om han eller hon gett sitt tillstånd. Numera får man fiska kräftor året om även om man måste ta hänsyn till kräftans livscykel.

Bäst resultat får du om du fiskar kräftor med burar som agnas med någon form av vitfisk som mört eller braxen. Det finns också hängivna kräftfiskare som agnar med potatis. Eftersom kräftorna framför allt är nattaktiva lägger man ut burarna på kvällen och vittjar dem på morgonen dagen efter, alternativt drygt 3–4 timmar senare på kvällen. Det är extra viktigt att vittja samma kväll om vattendragen är fulla av stora kräftor, annars tar betet snabbt slut och kräftorna börjar leta efter utgången. Sänk gärna ner burarna nära stenar och andra gömställen som kräftorna använder som skydd nere på botten. Ska du inte koka kräftorna direkt så kan du förvara dem i en kräftsump, ett slags bur som sänks ner i vattnet. Kräftorna klarar även att förvaras torrt uppe på land under några timmar.

När du flyttar kräftorna använder du en hand. Ta tag på båda sidor om huvudet strax bakom klornas fäste med pekfinger och tumme. Då kommer kräftorna inte åt att nypa dig.

KOKA KRÄFTOR

1 kg kräftor
2,5 liter vatten
1–2 dl öl
1 dl salt
2 sockerbitar
10 knippor krondill

1. Rengör kräftorna en och en i färskt vatten. Se till så att alla kräftor lever innan du lägger dem i grytan. Döda kräftor kan ge hela kräftkoket en dålig smak.

2. Blanda ihop vatten, öl, salt, sockerbitar och en dillruska från krondillen. Koka upp i 5 minuter innan du lägger i hälften av kräftorna. Vänta tills allt kokar på nytt innan du tillsätter resten av kräftorna.

3. Låt den sista kräftan koka i 6 minuter. Lyft genast grytan från spisen, lägg i resten av krondillen och kyl ner grytan med kallt vatten. Förvara kräftorna i spadet och ställ kallt över natten.

9 · GAMLA METODER

TIPS!

Tänk på att inte använda redskap som använts för att fiska signalkräfta (i smittade vatten), eftersom kräftpesten lätt överförs till den hotade flodkräftan. Du känner enklast igen signalkräftan genom att leta efter den vita pricken i leden mellan det stora och lilla klofingret.

KRÄFTOR I EGNA DAMMAR

Har du kräftor i egna sjöar och vattendrag behöver du sällan ge kräftorna mat. I små dammar kan man däremot behöva stödutfodra med pellets.

086
Fisk i dammar och små vattendrag

HAR DU EN lämplig damm och drömmer om att plantera ut egen fisk? Glöm inte att söka tillstånd innan du släpper den första fisken i vattnet.

Anledningen till att det krävs tillstånd för att plantera ut fisk i egna dammar är att förhindra etableringen av främmande arter som på sikt kan bli ett hot mot vår svenska flora och fauna. Det finns flera exempel på olämpliga prydnadsfiskar som under de senaste åren har tagit sig ut i naturen, med ödesdigra resultat. Tillstånden fungerar även som en extra säkerhet för att undvika olika fisksjukdomar.

Satsa på svenska arter och bestäm redan i förväg om du ska stödmata fisken eller om dina fiskar får klara sig på det som naturen ger. Regnbågslaxen är en vanlig art som fungerar bra att sätta ut. Den är tålig och klarar sig bra i naturliga vatten. Har du redan i dag ett vikande fiskbestånd så brukar utplanteringar av liknande arter inte ge någon effekt. Oftast finns det en biologisk förklaring till varför fisken inte ökar i antal. Välj då en annan fisksort som mycket väl kan klara sig i samma vatten.

Intresset för att plantera ut fisk och kräftor är stort runt om i landet. Saknar du en egen damm eller insjö kan du alltid anlägga en ny, även om det innebär ett omfattande markarbete, inte minst för att få dammen tät. Observera att det krävs två olika tillstånd, ett för att gräva damm och ett annat för utsättning av fisk.

Medan naturliga vatten oftast har ett naturligt till- och frånflöde saknar grävda dammar en naturlig cirkulation, vilket ökar risken för övergödning. Ibland krävs odlingstillstånd om du stödmatar fisk i dammar. Gränsdragningen är hårfin, så kontrollera alltid med Länsstyrelsen innan du sätter grävmaskinsskopan i jorden.

Undantaget är små prydnadsdammar i trädgården som inte omfattas av tillståndskravet. Tänk på att det kan vara svårt att få tillstånd för att sätta ut fisk i rinnande vatten.

087
Så slipper du myggen

SURRANDE MYGG ÄR en sommarplåga som är svår att bli av med. Men det finns knep mot myggen, och miljövänliga sådana. Prova någon av de växter som använts som myggmedel i generationer.

Vanliga tips som att klä sig ljust i löst sittande kläder är absolut inte fel, men det är ju knappast heltäckt man vill tillbringa sommaren. Tänk på att framför allt ha skor och strumpor på fötterna då myggen attraheras av dålig lukt. Det är alltså bättre att ta en dusch innan middagen än att sitta svettig i bersån och slåss mot myggen.

Låt inte snöhögarna ligga kvar fram på våren eftersom häftig värme tillsammans med snösmältning gör marken vattensjuk och leder till att många mygglarver kläcks vid vattendragen. Ju varmare sommar desto aggressivare mygg.

I Sverige finns 49 arter med stickande myggor, en siffra som globalt stiger till 3 500 olika sorter. Myggorna är snabba och suger blod i omkring 90 sekunder innan de flyger vidare.

Till skillnad från skogsmyggor, som surrar runt och anstränger sig för att hitta sitt optimala byte, flyger översvämningsmyggorna oftast rakt mot sitt byte och sticker direkt. Myggorna kläcks i enorma mängder vid rätt förutsättningar, som de senaste årens översvämningar vid nedre Dalälven. Där har man valt att bekämpa larverna med ett biologiskt bekämpningsmedel som angriper deras matsmältningssystem.

Numera finns det speciella tält att sätta upp om man har stora problem med mygg och ändå vill sitta utomhus och njuta av sommaren.

VÄXTER SOM TRADITIONELLT ANVÄNTS SOM MYGGMEDEL

Rölleka. Den mest effektfulla växten enligt vetenskapen. Tester visar att det är salicylsyran som skrämmer bort myggen. Gnid färska blad eller blommor mot huden så att växtsaften kommer ut och färgar huden grön. Upprepa efter 45 minuter.

Skvattram. I Sverige har skvattram använts som myggmedel under lång tid. Växtens starka och bedövande lukt har fungerat avskräckande på myggen och man har lagt blad och kvistar bland kläder och sängar för att bli av med både mal och vägglöss. Gnid bladen mot huden så att växtsaften tränger ut. Huden ska färgas grön och effekten varar i omkring 30 minuter.

Pors. Samma effekt som med skvattram. Gnid blad eller kottar mot huden.

Både skvattram och pors växer vid vattendrag, gärna vid sjöstränder och kärr. Medan skvattram växer vid mossar, myrar och i fuktig skogsmark trivs porsen vid skogssjöar och andra näringsfattiga vatten.

Även ringblomma, tagetes, basilika, tomat, persilja, malört och potatis är växter som många menar att myggorna ratar. Man kan också prova citronsaft, äppelcidervinäger eller tjära.

Om inget annat funkar så prova beckolja, en klassiker som hjälpt många fjällvandrare genom åren.

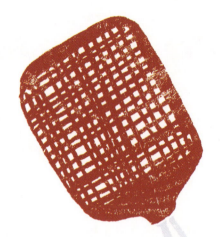

088
Flugfångare
BLI AV MED FLUGORNA SOM STÖR

MITT I SOMMAREN BLIR plötsligt flugorna påfrestande för både djur och människor. Förbered sommaren redan innan äggen kläcks och minimera antalet flugor efter hand.

Som bekant trivs flugorna där det finns något att äta. Varm mat, frukt eller kakor spelar ingen roll. Så länge det finns mat, färsk eller rutten, kommer flugorna att hitta dit. Bortsett från att flugorna rent hypotetiskt kan sprida både salmonella och e-colibakterier är frekvensen av störande flugor snarare ett irritationsmoment. Enklast är så klart att stänga dörrar och fönster och äta inomhus. Montera myggnät på en ram och ersätt fönsterbågarna med en myggbåge när du måste vädra. Täck över mat och saftkannor.

SLIPPA FLUGOR I HUSET. Gå ut med soporna ofta. Glöm inte komposten som flugorna älskar. Använd myggnät som skydd för dörrar och fönster och använd limfällor där flugorna fastnar. Tänk på att det är viktigt att städa och hålla rent. Flugorna äter allt, också matrester och annan smuts som pryder hemmet. Undvik till varje pris giftiga sprejer.

SLIPPA FLUGOR I STALLET. För lantbruket är flugorna ett besvärande fenomen. När korna måste värja sig mot flugorna minskar effektiviteten i idisslandet. Studier har visat att stallflugan kan orsaka viktminskningar på upp till ett halvt kilo per dygn och minska mjölkavkastningen med upp till 20 %. Flugorna påverkar också välbefinnandet hos både djur och människor.

Eftersom flugorna flyger från en punkt till en annan kan mikroorganismerna som de tar med sig orsaka mag- och tarmsjukdomar som tyfus och dysenteri. Även Parafilaria och mastit (juverinflammation) är vanliga sjukdomar som kan drabba boskap. Parafilaria orsakar omfattande köttförluster då parasiten borrar sig in i djurens muskulatur och lägger sina ägg. Angreppet gör att köttet måste kasseras.

TIPS!
- Se till att ventilationen fungerar som den ska. Flugorna uppskattar inte sval, torr luft som rör på sig.
- Gödsla ut tillräckligt ofta (helst varje dag) i kalv- och hästboxar eftersom gödseln annars kan bli en bra kläckningshärd för fluglarver.
- Laga läckande vattenkoppar och minimera vattensamlingar runt omkring.
- Spola spaltgolven ofta så att det varken finns foder- eller gödselrester på golvet.
- Sträva efter att få gödseln att bränna snabbt i gödselstacken så att värmen tar kål på fluglarverna. Försök att lägga kalv- och svingödsel under kogödseln i stackar med blandad gödsel för att snabba på värmeutvecklingen.
- Är gödselstacken en stor grogrund kan man välja att täcka gödselstacken med en tjock armerad plastpresenning för att höja temperaturen ytterligare. Hästgödsel kan fuktas och sammanpressas för samma effekt.
- Se till att silor och gödselbrunnar är så täta som möjligt.
- Man kan också använda flugfångare, i form av klisterremsor som hängs upp i stallarna där flugorna fastnar och dör. Det finns även elektriska flugfångare och andra fällor som attraherar flugorna genom en speciell doft.

089
Håll mössen och råttorna borta från gården

MÖSS OCH RÅTTOR kan härja vilt på din gård och bita sönder allt i deras väg – möbler, isolering, rör och elledningar. Att arbeta förebyggande och att gillra fällor är det som ger bäst effekt mot gnagarna.

Egentligen finns det ingenting som stoppar en mus, så länge musen får igenom huvudet. Sträva efter täta installationer och undvik breda springor mellan dörr och tröskel, fönsterbåge och karm. Förstärk skadedjursnäten under takfoten och mellan golv och vägg inomhus. Du kan också sätta nät för ventiler och avloppsbrunnar.

Mössen behöver ständigt bomaterial och attackerar gärna isolering, papp- och plastprodukter men också liggunderlag och stoppning i skor och pjäxor. Spillning, skador på livsmedel och dålig lukt från mössens fränt doftande urin är vanliga tecken på möss. De bygger sina bon i väggar, tak och golv och man kan höra ljud när de äter eller kryper omkring. Mössen ser bra under både dag och natt och är duktiga klättrare. Det är inte ovanligt att de kan hoppa 30 cm rakt upp i luften. Mössen förökar sig snabbt och kan få upp till 10 kullar om året, ofta med 5–6 ungar i varje kull.

Även råttor fortplantar sig snabbt. Totalt brukar en råtthona få ett femtontal ungar åt gången, ibland så ofta som 5–6 gånger om året. Det är inte ovanligt att ett par med råttor får flera hundra ungar tillsammans under en livstid. Precis som möss äter råttorna det mesta som kommer i deras väg. Råttorna både hör bra och har bra luktsinne och kan lokalisera mat på lång väg. De bygger bo i källare och krypgrunder, gärna skrymmande bon av halm eller sågspån, eller av plastsaker som de tuggar till lämplig storlek. De kan också gnaga ut och gräva gångar där de förvarar sopor nära boet, vilket ofta leder till dålig lukt. De klarar att klättra på lodräta väggar och längs stuprör och överlever under vatten i upp till fem minuter. Råttor är skadedjur som biter sönder och förstör både byggnadsmaterial och inventarier. De kan dessutom sprida sjukdomar som bland annat salmonella.

Gnagmärken eller små avfallshögar av kablar, isoleringsmaterial och ledningar är tydliga tecken på råttor eller möss. Genom att de äter på elledningar ökar risken för kortslutning och brand, och om råttorna äter sönder ett vattenrör ökar så klart risken för vattenskador.

Förebyggande arbete

Ta bort foderrester och låt inte mat och fågelmat ligga framme. Rensa kring fågelbord och foderbord i ladugården och låt inte gammal halm och hö ligga på skullen i flera år.

Råttor är skygga och föredrar samma stråk längs hus och grunder. Gör livet svårare för dem genom att röja och ta bort gräs och täta buskage. Bor råttorna i en viss häck eller under en stor buske kan det – tyvärr – vara effektivt att såga ner både häck och buske. Den bästa och mest effektfulla åtgärden är att ta bort alla attraktiva miljöer som gynnar råttor och möss.

FÅNGA MÖSS OCH RÅTTOR. Ladda fällor (jag föredrar burfällor framför slagfällor för att inga människor ska fastna i dem) med bete av leverpastej, ost, korv, choklad eller kött. Kontrollera fällorna dagligen och ta bort de djur som fastnat. Använd alltid handskar när du hanterar råttor och möss och tvätta händerna noggrant efteråt.

… 9 · GAMLA METODER …

090
Fälla träd som en bonde

ATT ARBETA ENSAM i skogen är både farligt och dumdristigt. Arbeta helst två och två och förvara mobiltelefonen i fickan. Glöm inte att meddela vart du går och berätta när du ska vara tillbaka.

För hobbybonden eller lantbrukaren är det dock sällan ekonomiskt försvarbart att vara två i skogen. Då bör man åtminstone berätta för sin partner eller en granne vad man planerar att göra. Ett bra alternativ är att ringa varandra under dagen för att berätta att allt är okej. Hör du inget från grannen är det kanske läge att gå förbi och kontrollera så att allt är bra.

För att ge sig ut i skogen krävs en fullgod skyddsutrustning. Skyddsbyxor, skogsjacka, skyddsstövlar, handskar och hjälm med hörselskydd och visir är självklara skyddskläder som aldrig får prioriteras bort.

Tänk på att motorsågen ska vara väl underhållen, med fungerande kastskydd.

Planera alltid fällningen av trädet innan du sätter motorsågen i stammen. Fundera över fällriktning, trädets naturliga lutning och om grenverket hänger över åt något håll.

Enklast är att fälla trädet åt samma håll dit stammen lutar.

Anpassa dig efter vindriktningen. Vinden kan plötsligt ändra både styrka och riktning.

Finns det en sten eller stock i närheten så kan du fälla trädet ditåt och få en bra arbetsställning som förenklar både kvistning och kapning.

GÖR SÅ HÄR

1. Såga alltid bort låga grenar som är i vägen för att kunna fälla trädet säkert. Stå inte rakt bakom sågen utan använd stammen som skydd mellan dig och motorsågen.
2. Röj bort liggande grenar runt trädet så att du inte snavar på dem. Tänk också på att röja fram en flyktväg, dit du kan gå om allt går åt skogen – om roten plötsligt kastar upp eller om stammen spricker.
3. Börja med att lägga ett riktskär, det vill säga skär ut en trekant på den sida där du vill att trädet ska falla. Ställ dig bredbent bakom trädet och luta vänster axel (om du är högerhänt) mot stammen så att du står stadigt. Såga först det översta riktskäret, snett mot mitten av stammen, i en lutning av omkring 60 grader. Skäret bör vara åtminstone en fjärdedel av stammens diameter. Stå kvar i samma ställning och lägg det nedre skäret. Lägg an med sågen och såga snett uppåt med en lutning av omkring 30 grader. Det är viktigt att skären träffar varandra så att »gångjärnet« i mitten fyller sin funktion vid själva fällningen.
4. Lägg fällskäret på andra sidan rakt in mot riktskärets spets, eller möjligen något över. Lämna kvar en brytmån av 3–5 cm i mitten som fungerar som gångjärn när trädet väl faller.

   Använd gärna en kil efter halva sågsnittet så att svärdet inte fastnar. För att få trädet att falla kan du trycka med hela kroppen en bit upp på stammen (var försiktig så att inte stammen slår till dig) eller använda ett brytjärn som effektivt ger dig möjlighet att styra trädets fall.

   Ta alltid ett steg tillbaka när trädet faller för att undvika ett slag av stammens nedre del.
5. Kvista direkt och låt hela tiden motorsågen vila på stammen så att du slipper förslitningsskador. Kapa trädet i 3 meters längder, eller kortare om du ska bära ut stockarna för hand. Använd alltid en timmersax eller lyftkrok när du lyfter stockarna. Var rädd om ryggen, använd ben- och sätesmusklerna.

091
Egen ved till vintern

HUGG I SKOGEN redan på vintern och klyv och lägg på tork framåt våren för att kunna elda med torr ved året efter.

Äger du egen skog är tillgången på ved i princip obegränsad. Bäst är hårda träslag som bok, ek eller senvuxen björk som brinner långsamt och utvecklar en intensiv värme. Elda först när veden är tillräckligt torr.

Ska du köpa ved bör du satsa på björk, bok eller ek och undvika gran, tall och lärk.

BJÖRK. Traditionellt det bästa träslag man kan elda med. Det är senväxande och kompakt och brinner sakta med en god värmeeffekt. Björk brinner utan gnistregn och sprätter inte alls vilket gör den extra användbar i öppna eldstäder. Högt brännvärde.

EK. Fantastisk för vedeldning. Tack vare en hög halt av garvsyra torkar eken långsamt och behöver ligga på tork i 2–3 år för att verkligen vara torr. Ek kräver mer syre vid förbränning än exempelvis bok. Högt brännvärde.

GRAN. Brinner med ett sprakande ljud och släpper iväg en armé av glöd som kan skjutas långt utanför eldstaden. Granved är ibland att föredra framför dyrare lövträ (enbart i stängda kaminer) då det är billigare och torkar snabbt. Medelhögt brännvärde.

TALL. Liksom granveden sprätter också tallveden vilket gör den direkt olämplig i öppna eldstäder. Däremot torkar den snabbt och luktar gott. Medelhögt brännvärde.

LÄRKTRÄD. Slår gnistor och passar bäst till stängda kaminer. Lätt att klyva och tar lätt fyr. Medelhögt brännvärde.

LÖNN. Ett mångsidigt träslag som är uppskattat vid möbeltillverkning. Som ved är lönnen däremot ovanlig även om den brinner bra. Högt brännvärde.

BOK. En bra och effektiv ved som är lätt att både lagra och använda. Bör torka i åtminstone två år. Idealisk för både kaminen och den öppna spisen. Högt brännvärde.

AL. Minst brännvärde av alla lövträd. Torktid 1,5 år. Lågt brännvärde.

ASK. Brinner i princip lika bra som ek och bok. Stammarna är däremot svåra att klyva och används därför sällan som ved. Torktid: 2 år. Högt brännvärde.

PIL. Pilen växer mycket snabbt, ibland 1–2 meter om året. Lågt brännvärde.

092
Förvara ved

SÅ FÅR DU VEDEN ATT TORKA

NÄR STAMMARNA HAR fallit till marken bör du ta ut stockarna ur skogen och klyva veden så fort som möjligt. Ju snabbare torkningsprocessen sätter igång desto snabbare blir veden torr.

För att undvika röta bör veden inte läggas direkt på marken. Se till att det nedersta lagret med ved ligger med barksidan neråt för att förhindra att rötan får fäste i vedbitarna.

Stapla den kluvna veden på slanor eller på stockar. Eller använd gamla engångspallar som underlag för att få luftcirkulationen att hjälpa till i torkningsprocessen.

Stockarna måste alltid klyvas för att de ska torka utan att ruttna. Tremeterslängder torkar aldrig annat än i ändarna och ruttnar innan man hunnit lägga stockarna i pannan.

Bästa tiden för trädfällning är mellan november och mars, då stammarna innehåller minimalt med vatten och torkar snabbt. Alldeles färskt trä bör torka i 2 år, medan ek kan behöva torka i upp till 3 år. Ju tätare träslag desto längre torktid.

En viktig parameter när det kommer till vedens brännvärde är restfuktigheten, alltså hur mycket fukt som finns kvar i veden när vi anser att den är torr. Vintertid innehåller många träsorter omkring 50 % vatten. Om man trots allt eldar med blöt ved måste fuktigheten avdunsta innan veden kan brinna optimalt. Förutom lägre effekt på värmen bildas också en massa sot. Förbränningen blir ofullständig och andelen oförbrända ämnen som släpps rakt ut i luften genom skorstenen ökar, vilket bidrar till en försämrad miljö.

Om du klyver veden själv bör du sträva efter så små vedklampar som möjligt. Tack vare den stora torkytan avdunstar vattnet fortare och veden torkar snabbare.

Lagra veden i söderläge, gärna på en vindutsatt plats för att snabba på torkningsprocessen. Placera aldrig veden mot en husvägg utan sträva efter ett litet mellanrum som tillåter att luften kan smita förbi.

Lägg gärna över ett litet tak om du har möjlighet. På så vis skyddar du veden från regn samtidigt som sidorna torkar optimalt. Torka helst veden utomhus över sommaren och flytta in den under tak framåt hösten. Bäst är om du har möjlighet att lagra veden på två olika platser. En vedbod för årets ved och en annan till veden som höggs året innan och ska användas först framåt vintern.

Stapla gärna vedträna glest så att luften kan passera. Förr sa man: »Tillräckligt glest så att musen kan komma igenom«. All ved som läggs i en vedstapel måste vara huggen eller åtminstone randbarkad för att kunna torka. Lövträd är mer känsliga på grund av den täta skyddande barken och torkar långsammare än barrträd. Placera stapeln torrt och väldränerat, allra helst rakt i solen.

En annan bra metod är att bygga en *vedstack* (se bilden). Du staplar vedträn i en cirkel och fyller utrymmet i mitten med mindre vedträd som inte går att stapla. När stacken är tillräckligt hög bygger man upp den i mitten och rundar av den till en jämn kulle. Lägg det översta vedlagret som taktegel så att regn och snö rinner av.

093
Så tolkar du vädret

LÅNGT INNAN SMHI kunde leverera osäkra tiodygnsprognoser var naturfolk på det klara med hur vädret skulle bli under de kommande dagarna. Denna kunskap har de utvecklat under årtusenden genom att läsa av naturens tecken och tyda moln, temperaturskiftningar och vindar.

Det är ingen hemlighet att väderleksrapporternas tillförlitlighet är dålig, särskilt för längre prognoser. Som bonde eller fritidsodlare är det många gånger bättre att gå utanför dörren och tolka vädrets makter på plats.

Av en gammal sjöman lärde jag mig en gång uttrycket »Stående måne, liggande matros«. Är halvmånen stående kan du vara säker på att natten blir lugn. Det innebär att matrosen får sova hela natten.

En början är att lära sig vilken typ av väder som följer efter en viss vindriktning. Låt oss säga att det alltid regnar när det blåser från ett visst väderstreck eller att vinden alltid mojnar framåt kvällen följt av ett väderomslag med sol. Eftersom vinden uteslutande beror på skillnader i lufttryck kan man ofta vänta sig ett speciellt väder av samma vindriktning. Kunskapen är naturligtvis inte huggen i sten, men det är en vägvisning till hur vindarna kan få vädret att skifta. Många menar att starka torra vindar oftast följs av regn när det mojnar och att dis och dimma som följs av vind (annat än vanlig morgonvind som torkar upp) mycket väl kan innebära regn.

Ett annat bra sätt är att titta hur djuren beter sig nära skog och åkermark. Exempelvis brukar svalorna leta insekter högt upp i skyn vid vackert väder och närmare marken när ovädret står för dörren. Även kaniner som är ovanligt aktiva under dagen tyder på ett väderomslag.

Bondepraktikans »Aftonrodnad vill morgondagen skönt väder giva. Morgonrodnad den dagen mycket regn vill bedriva« bygger på vetenskap. Den röda solnedgången visar att luften innehåller mycket lite vattenånga vilket innebär att det förmodligen inte kommer att regna dagen efter. En lika röd soluppgång tyder i stället på ett kommande regn- eller snöoväder.

TOLKA MOLNEN

Stackmoln (se bilden). Typiskt sommarmoln som också kallas för vackert väder-moln. Upptornande stackmoln kan innebära regn senare under dagen.

Skidspetsmoln. Tunna vita molntrådar över en annars klarblå himmel. Har molnen krokar som tätnar mot horisonten kan man räkna med regn inom ett dygn.

Slöjmoln. Tunn vit slöja av moln som breder ut sig, tecken på regn. Om solen skiner igenom slöjmolnet och bildar en ljusring, en så kallad halo, är det ett tecken på nederbörd, troligen inom 12 timmar.

Regn- och snömoln bildar låga molnlager och ger vanligtvis ett mulet väder. Förmodligen regn inom 4–6 timmar, som håller i sig under flera timmar.

Dimmoln lägger sig nära marken, ofta kring berg och höjder. Kan innebära duggregn. Dimmoln på morgonen följs oftast av vackert väder.

094
Effektiva elverk
RESERV PÅ LANDET

UNDER VINTERHALVÅRET ÄR det inte ovanligt att fastigheter långt ute på landet drabbas av långvariga elavbrott, förödande ur både vatten- och energisynpunkt.

Oavsett om du har direktel eller berg- eller jordvärme så fungerar värmesystem inte alls utan tillgång på el. För att driva ett värmesystem med berg- eller eller jordvärme under ett elavbrott krävs ett reservelverk med hög kapacitet som drivs antingen med traktor eller med tillhörande egen bärande motor. Tänk på att elverket måste ha förberedda inkopplingspunkter, antingen med kopplingshandske eller med förberedda uttag, så att din effekttörstande utrustning enkelt kan kopplas upp mot elverket.

De kraftigaste elverken driver stora värmesystem, medan små billiga elverk framför allt klarar av att driva några få nyckelkomponenter. Satsa hellre några tusenlappar extra och köp ett effektfullt elverk, så att du kan driva vattenpump, kyl och frys. Räkna med att de billigaste aggregaten kostar från 1 500 kronor (liten effekt), medan större elverk som klarar av att driva husets hela värmesystem kostar från cirka 20 000 kronor.

Även om tillverkaren garanterar att elverket kommer att tuffa på utan några som helst problem visar flera tester att långvarig förbrukning ökar risken för driftstörningar, hög bränsleförbrukning och skador på elutrustning och/eller aggregat. Underhåll och skötsel är avgörande för att utrustningen ska fungera, liksom att bränsletanken är tom (för att undvika läckage) och att det står ett par fulla bränsledunkar vid sidan av.

Precis som en bil kräver reservelverket underhåll och service. Minst ett par gånger om året bör du gå igenom elverket och kontrollera att allt fungerar som det ska.

Tänk på att välja ett elverk som levererar rätt el i rätt kvalitet. Numera finns en rad produkter i våra hem som kan ta skada av en svajande spänning, som datorer, tv-apparater och luftvärmepumpar. Välj helst ett känt märke som testats under långvarig drift. Tester finns att ta del av på Energimyndighetens hemsida.

GÖR EN DRIFTSKONTROLL

- → Kontrollera och rengör tändstift, gnisthämmare och ventiler. Rengör förbränningskammaren (efter omkring 300 timmars drift) och kontrollera oljenivån.
- → Genomför service med nya filter enligt serviceplan.
- → Förvara helst reservelverket dammfritt i ett skyddat utrymme där inte ens mössen kommer till. Både möss och råttor dras nämligen till bränsleslangar, vilket kan få ett förödande resultat när elverket väl ska användas.

095
Vindkraftverk på gården

ÄVEN OM SMÅ vindkraftverk sällan producerar några stora mängder el är det ändå ett bra tillskott till den lilla gården på landet.

Den absolut viktigaste förutsättningen för att ett vindkraftverk ska löna sig är att det blåser tillräckligt mycket. Bara en liten förändring i vindstyrkan har stor betydelse för hur mycket el som produceras. Om vinden fördubblas ökar produktionen åtta gånger. Med andra ord lönar det sig att röja vindgator och placera vindkraftverket där det blåser som mest.

Det första steget till ett eget vindkraftverk är att ta kontakt med någon av landets vindkraftsleverantörer. Du bör också kontakta kommunen för att undersöka om de är för eller emot en utbyggnad av kommunens vindkraftspark. Rent generellt krävs bygglov om vindkraftverket är högre än 20 meter över markytan, monteras fast på en byggnad eller har en vindturbin som är större än 3 meter i rotordiameter. Bor du i ett detaljplanerat område kan det vara svårt att få ett bygglov beviljat.

Tänk på att ditt blivande vindkraftverk ska störa så lite som möjligt, det gäller både grannar och djur- och naturvärden. Det får inte bryta nödvändiga säkerhetsavstånd till vägar, järnvägar och kraftledningar. Den vanligaste typen av vindkraftverk har en rotor med horisontell axel. Det finns också vertikalaxlade vindkraftverk som är mer tystgående och som kan fånga vinden oavsett vindriktning.

Tyvärr blir vindkraftverk som klarar av att försörja gården på el rätt dyra (300 000–500 000 kronor). Däremot kan vindsnurrorna vara ett bra komplement till fritidshuset, i synnerhet där man saknar elnät. Genom att lagra den producerade elen i ett batteripaket kan man driva både belysning, tv och ett litet kylskåp. Komplettera gärna med solceller för att få en helhetslösning som fungerar oavsett väder.

När det handlar om fritidshus kan det lilla vindkraftverket på allvar konkurrera med investeringen av att dra in el i stugan och ansluta fastigheten till elnätet. Dessutom kan små vindkraftverk (omkring 20 000 kr i installation) driva små elanläggningar långt från civilisationen och bli ett bra alternativ – eller komplement – till solceller både i skärgården, till fjälls eller långt ute i skogsbygden.

TYP	MINIVERK	GÅRDSVERK	MEDELSTORA ANLÄGGNINGAR	STORA ANLÄGGNINGAR
ANTAL OCH HÖJD	1 verk, max 20 meter	1 verk, 20–50 meter	1 verk över 50 m, alt. 2 eller fler verk (som står tillsammans)	2 eller fler verk över 150 m, alt. 7 eller fler verk högre än 120 m
VINGBREDD	Max 3 meter	Över 3 meter	Ej reglerat	Ej reglerat
TILLSTÅND	Anmälan enligt plan- och byggförordningen (PBF)	Bygglov	Bygglov Anmälan enligt miljöbalken	Tillstånd enligt miljöbalken Kommunens tillstyrkan Anmälan enligt plan- och byggförordningen (PBF)

096
Välja dragfordon
TRAKTOR, JORDFRÄS ELLER FYRHJULING?

ATT VÄLJA DRAGFORDON till gården kan vara en utmaning. Traktorer är stora och tunga, dessutom riktigt dyra. Jordfräsen är billig, men svår att använda till annat än åkern. Fyrhjulingen däremot är både rolig, användbar och riktigt prisvärd.

Om du brukar hyfsat stora arealer är traktorn den mest mångsidiga kamraten på en gård, gärna med lastare och gott om redskap där bak. Traktorn är den enda dragaren som också kan lyfta och flytta saker i höjdled (kräver lastare) vilket kan vara bra om man behöver lyfta upp hö och halm på ett loft eller flytta en grushög.

Nackdelen är att många jordbruksredskap är stora och inte alltid lämpar sig för en liten trädgård. Dessutom blir det ofta dyrt, rentav mycket dyrt, om traktorn går sönder.

Vad kostar traktorn?

Räkna med 25 000–50 000 kronor för en gammal traktor av känt märke, och ytterligare några tusenlappar för en lastare. Dessa traktorer är tillverkade på 1960- och 1970-talen och nästan alltid tvåhjulsdrivna. Vill du ha nyare traktorer, med fyrhjulsdrift och styrservo, kommer priset upp i 80 000–150 000 kronor.

Besiktiga alltid traktorn innan köp. Se över däcken, speciellt bakdäcken som är mycket dyra att köpa nya, och försäkra dig om omfattningen på oljeläckage och rostangrepp. Nästan allt går att åtgärda/laga/renovera med pengar i handen, men med en begränsad budget kan det vara svårt att få ordning på en gammal traktor som trilskar.

Köper du begagnat av en annan hobbyodlare eller deltidsbonde kan det vara läge att köpa ett helt paket, alltså se till att få med så många redskap som möjligt. Köper du en lastare så är det enklast att köpa till alla redskap från samma gård då fästen på både skopor, grepar och gafflar skiljer sig mellan olika modeller och olika årgångar. Finns det snökedjor så ta med dem i priset.

Globalt är jordfräsar i lantbruket minst lika vanliga som traktorer och det finns mängder med redskap som man kan fästa efter jordfräsen. Leta efter gamla jordfräsar på annons eller köp en ny i butik. Räkna med några tusenlappar för en gammal jordfräs, eller runt 20 000–30 000 kronor för en ny.

Gällande fyrhjulingar eller ATV (All Terrain Vehicle) så skiljer man på maskiner som är registrerade för att användas på vägen eller enbart i skog- och gårdsmiljö. Räkna med 80 000–100 000 kronor för en maskin av känt märke. Naturligtvis finns det en uppsjö av begagnade fyrhjulingar i alla prisklasser. Exempel på redskap man kan köpa till är borste, harvar, gräsklippare, snöplogar, vagnar, skogsvagnar och till och med en grävare som hängs där bak.

I valet mellan traktor, jordfräs eller fyrhjuling finns det egentligen bara två saker som är direkt avgörande: din budget och gårdens storlek. Man plöjer drygt 1,5 hektar om dagen med en liten traktor och i princip det dubbla med en stor traktor. Med jordfräs skulle samma yta ta flera dagar i anspråk och du skulle tröttna på ljudet, vibrationerna och de ständiga avgaserna långt innan arbetet var klart.

097
Välja släp till gården

NÄR DU VÄLJER släp är det viktigaste vad du ska använda släpet till. Ska du åka långt, ska det användas på åkrarna, eller mest för att köra med till kommunens återvinningscentral?

Numera finns det en uppsjö av olika sorters släp för olika miljöer. Marknaden svämmar i princip över av bilsläp, bromsade eller obromsade, som är tänkta att dras efter en personbil. Vidare finns det en lång rad traktorsläp och kombinerade skogs-/lastvagnar till fyrhjulingar eller åkgräsklippare. Ditt val bör grunda sig på om släpet mest ska användas offroad, alltså i skogen och på åkern, eller enbart rulla på vägen.

SLÄP TILL PERSONBILEN. Många med hästar tycker att hästsläpet är den mest mångsidiga släpmodellen, särskilt modellerna för två hästar. Där får man enkelt plats med både hö och halm och kan ta med hästarna till både tävlingar och beten. Man kan också köra får, getter eller grisar. Enda nackdelen är att fronten ofta smalnar av mot mitten, vilket försvårar transport av stora fyrkantiga saker, som gips-, spån- och plywoodskivor.

Det finns även öppna släp helt utan sidolämmar, eller släp med kåpa, lastgaller eller kapell. Oavsett vad du väljer bör du sträva efter ett kombinationssläp, alltså ett släp som kan användas till så många behov som möjligt. Förvara alltid släpet inomhus även om det är både galvaniserat och har en väderbeständig plastkåpa. Du behöver inte bygga ett varmgarage, men låt åtminstone släpet stå under tak. Tänk på att inte köpa ett obromsat släp eftersom man bara får köra dem i 40 km/h. Har du inte råd med ett nytt släp är begagnatmarknaden enorm.

TRAKTORVAGNAR. Här finns massor av olika varianter, allt från gamla en- och tvåaxlade vagnar till moderna påhängsvagnar med tipp åt tre håll. Gamla traktorvagnar är visserligen billiga (1 000–10 000 kronor), men tänk på att de flesta har ett flak av trä som kan vara i varierande skick. Sedan finns det nya fina vagnar, både en- och tvåaxlade, med galvade lämmar och lackerat underrede. För den lilla gården bör du välja en vagn där du åtminstone får lasta 3–4 ton men helst 5–6 ton, vilket ger helt andra möjligheter. Lägg gärna ett par tusenlappar mer och ställ krav på flak, hydraulik och elektricitet.

VAGNAR TILL FYRHJULING. Välj bland många fina modeller, allt från skogsvagnar till griplastarvagnar, flakvagnar och riktiga tippvagnar. Kombinationsredskap är som vanligt att föredra, gärna sådana där man fiffigt kan byta lämmar eller underrede. Räkna med mellan 10 000 kronor och 20 000 kronor för en ny galvad vagn.

TIPS!
Montera gärna ett triplexdrag (med varierbar kula) på din fyrhjuling eller jeep. Då kan du flytta både bilsläp och traktorsläp utan att behöva byta dragare.

098
Svetsa till husbehov

ATT BLI EN duktig svetsare tar tid och kräver hundratals timmar i svetslågans sken. Men även som amatör kan du dra nytta av svetsens möjligheter. Inte minst när det handlar om att laga skadade maskiner eller för att foga samman metaller som annars inte går att förbinda.

I grund och botten är svetsning en enkel metod för att sammanfoga metall. Man hettar upp metallen man vill svetsa i och tillför ett tillsatsmaterial som smälter ut i föremålen man vill fästa. Svetsen är stark och hållbar under förutsättning att du gjort rätt. Numera är de flesta svetsaggregat små och moderna och använder sig av MIG/MAG, TIG- eller elteknik med pinne. Man kan också svetsa med gas vilket är en tidig variant av TIG-svetsning.

GLÖM ALDRIG: Skyddskläder, svetshjälm och rejäla handskar när du svetsar, oavsett metod.

MIG/MAG-SVETS. Kombinerad el- och gassvets med automatisk matning av tillsatsmaterial. Enda skillnaden mellan MIG och MAG är vilken gas man använder i svetsen. För att få tillsatsmaterialet att smälta ut använder man sig av ström. Svetstråden har en positiv laddning och metallen där man ska svetsa är negativt laddad, vilket innebär att det blir kortslutning när elektronerna kommer i kontakt med varandra. Med hjälp av hettan smälter svetstråden och bildar en svets. Allt sker automatiskt och det enda du behöver göra är att lägga svetsen rätt. Tänk på att metallen du ska foga samman måste vara ren, annars får tråden inte kontakt med de negativt laddade metallföremålen.

Funkar till: järn, plåt och stål. Man kan också svetsa i aluminium med hjälp av en speciell aluminiumtråd.

TIG-SVETS. Även denna svets använder el och skapar en svetsfog när det uppstår en kortslutning då positivt laddade delar (svetsen) närmar sig negativt laddade ytor (metallen). Men till skillnad från MIG/MAG är TIG-svetsen inte laddad med en tråd på rulle. I stället låter man svetsen värma materialet man ska svetsa, medan man tillför tillsatsmaterial med den andra handen.

Funkar till: tunna material som plåt och aluminium.

GASSVETS. En tidig variant av TIG-svets även om gassvetsen skiljer sig rätt markant från denna. Likheten är att man håller värmekällan i den ena handen och tillsatsmaterialet i den andra.

Skillnaden däremot är att gassvetsen saknar elförsörjning och i stället värmer materialet med gas. Fördelen är att man kan svetsa var som helst, även långt ute i skogen, eftersom man inte behöver någon elförsörjning. Gassvetsen kombinerar acetylen med syre och omfattar två gasflaskor. Trots att luften innehåller syre är koncentrationen inte tillräckligt hög för att gasen ska brinna optimalt.

Funkar till: plåt, järn och stål. Det finns även duktiga svetsare som klarar av att svetsa i aluminium med gassvetsen. Det kräver dock rätt tillsatsmaterial.

ELSVETS/PINNE. En klassisk svets som använts i generationer. Har du turen att komma över en gammal rejäl pinnsvets ska du lägga vantarna på den direkt. Kortslutningen uppstår genom att man fäster en jordkabel i metallen som ska svetsas. Sedan fäster man en svetspinne i handtaget och slår svetspinnen mot metallen som ska fästas, inte hårt, men likt en knackning. Så uppstår kortslutningen som får pinnen att smälta. Allt eftersom pinnen smälter ökar svetsens omfång och först när du drar bort handtaget med pinnen slutar svetsen att leverera.

Funkar till: järn, plåt, stål och grova material. Elsvetsen värmer djupt och ger en perfekt svets på grova balkar. Undvik tunna material eftersom svetsen lätt bränner igenom.

099
Egen el från solens strålar

MED HJÄLP AV egna solceller kan du snabbt börja producera egen el.

Enkelt uttryckt är en solcell ett slags fotodiod gjord av ett halvledande material, vanligtvis kisel, som skapar elektricitet när solen lyser på cellerna. De vanligaste solcellsanläggningarna har en verkningsgrad på omkring 15 %. Det innebär att 15 % av solenergin som träffar solcellsmodulen omvandlas till el. Resten reflekteras eller blir till värmestrålning.

En vanlig anläggning på 1 kW producerar omkring 850 kWh per år om du har en yta på 8 kvm. Bäst effekt får du om du monterar solcellerna rakt mot söder med en lutning av 30–50 grader. Saknar du tak som sluttar söderut kan du i stället välja att montera solcellerna på ett stativ. Det blir dyrare och smälter inte in i miljön på samma sätt, men avkastningen är densamma.

Leta upp en leverantör som säljer solceller eller ännu hellre hela paket med installation. Bestäm dig för en lämplig storlek och ta in offerter. Hör med kommunen om det behövs bygglov. Koppla in hela anläggningen och anslut solcellsanläggningen till elnätet. Tänk på att det behövs en behörig elektriker för själva installationen. Glöm heller inte att meddela ditt elnätsföretag och berätta vad du tänker installera. När allt är klart kan du börja sälja överskottet på elmarknaden.

Solpanelens effekt varierar över dagen beroende på moln och solens rörelse över himlen. Man brukar säga att solpanelen ger maximal effekt under 4 av dygnets 24 timmar. Men solpanelen laddar också vid molnigt väder, även om effekten är lägre.

Ett bra sätt att förbättra effekten är att montera solcellerna med motorstyrning, ett slags automatiserad funktion som gör att panelen följer solen medan den förflyttar sig över dagen. Med motorstyrning kan solpanelerna producera uppemot 60 % mer energi per dygn (eller 10 % utslaget över hela året). Sommartid har man bäst effekt med lutande solcellspaneler (40 graders lutning är optimalt), vintertid är det bättre att ha solcellerna vertikalt monterade på en husvägg. Då minskar risken för att solcellerna ska gå sönder av isbildning eller nerfallande snö.

Till ett fritidshus som inte besöks så ofta eller under längre tid räcker det med en liten solcellspanel, men det krävs fler amperetimmar (Ah) i batteriet. Solcellerna hinner då ladda upp batteriet mellan besöken och den lilla anläggningen klarar av att försörja stugan. Stannar du däremot under långa perioder krävs en större solcellspanel som klarar det dagliga behovet och kan ladda batteriet optimalt. Vanligtvis ska fritidsbatterier inte laddas ur mer än till hälften för att få en lång hållbarhet. Ett batteri på 80 Ah ska alltså bara belastas ner till 40 Ah innan det laddas på nytt. Det finns också kraftfullare batterier som tål en djupurladdning utan att skadas.

Tänk på att inte använda startbatterier som är konstruerade för att ge en hög ström under kort tid. Använd i stället fritidsbatterier som är avsedda för låg strömförbrukning under lång tid.

100
Värm ditt eget vatten på taket

MED SOLFÅNGARE PÅ taket kan du minska uppvärmningskostnaderna för vatten dramatiskt. Undersökningar visar att elförbrukningen kan minska med så mycket som 50 %.

Solfångarna sitter på taket till ett hus eller uthus och tar emot solens strålar. Enkelt uttryckt omvandlar solfångaren ljus till värme. En styrenhet känner av temperaturen och startar en cirkulationspump när det blir varmare i solfångaren än i ackumulatortanken. Med hjälp av en värmeväxling transporteras solvärmen till tanken där den lagras till dess att varmvattnet förbrukas. Bortsett från att lagra värmen har ackumulatortanken flera positiva funktioner. Bland annat kan man ansluta en rad olika värmekällor som kompletterar varandra – solfångare, en vattenmantlad kamin, vedpanna eller fjärrvärme. Förutom solfångare behöver man också en ackumulatortank, reglercentral, solkretsarmaturer, cirkulationspump, solvärmerör, värmebärare och expansionskärl.

Bäst effekt får man om man sätter solfångarna rakt mot söder. Man kan välja att enbart värma varmvatten eller att ge ett generellt tillskott till uppvärmningssystemet (kräver vattenburet värmesystem). Över året kan solfångarna täcka värmebehovet till 20–50 %, beroende på effekt och antal soltimmar. Som övergripande tumregel brukar man säga att det krävs 1 kvadratmeter solfångare per person i hushållet enbart för varmvattenproduktion, och 2–3 kvadratmeter solfångare per person om man förväntar sig tillskott också i värmesystemet. En lämplig ackumulatortank bör vara 75 liter vatten per kvadratmeter solfångare.

I valet av material behöver man bestämma sig för om man ska installera plana solfångare eller vakuumrör. Till skillnad från plana solfångare är vakuumrören mer effektfulla med en högre verkningsgrad och ett större effektuttag per ytenhet. Nackdelen är att vakuumrören är dyrare.

Man kan välja att montera vakuumrör vertikalt eller horisontellt, medan plana solfångare oftast läggs i en 30–60-gradig lutning, där 45 grader anses vara den mest gynnsamma.

Med stora solfångare som vinklas brant mot söder kan man fånga solenergi också på senhösten och under den tidiga vårvintern då solen vanligtvis står lågt.

RÄKNEEXEMPEL. Låt säga att du väljer att installera en solfångare i en vanlig villa där hushållet består av fyra personer. Du väljer 10 kvadratmeter plana solfångare och en 750 liter stor ackumulatortank, vilket bör ge en effekt av omkring 4 500 kWh per år. En sådan anläggning kostar uppskattningsvis 80 000–100 000 kronor i installation. Om du kalkylerar med en kostnad på 1,20 kr/kWh för eluppvärmning (1,20 kr × 4 500 kWh) sparar du 5 400 kronor på ett år – vilket betalar anläggningen inom 15–20 år.

Rent generellt brukar man räkna med att ett komplett system med solfångare och varmvattenberedare kostar 30 000–50 000 kronor. En solfångare med ackumulatortank i ett kombisystem brukar hamna någonstans mellan 50 000 och 120 000 kronor, beroende på modell och leverantör.

Solceller och solfångare, vad är vad?

Solceller producerar el med hjälp av halvledarmaterial, till skillnad från solfångare som fångar upp solens värme och använder den till uppvärmning.

Register

A
ackumulatortank *219*
ATV, All Terrain Vehicle *211*
avfall *30, 170, 180, 183, 185*
avhärdning *90*
avloppsvatten *135*
avrinning *155*

B
bedövningsmetoder *48–49*
bekämpningsmedel *119, 121, 179, 192*
beskärning *65, 69, 72*
betesareal *29*
beteshagar *41*
betesmark *143*
bevattning *94, 120, 135–136*
bikarbonatsprej *119*
bin *33, 105–106, 128*
biodling *33*
biodynamiskt jordbruk *42*
biologisk mångfald *62, 127*
björksav *80*
björnbär *73*
blomkål *110*
blåbär *70*
blåstång *98*
bratwurst, klassisk *57*
broccoli *109*
brunn *135–136, 155*
brysselkål *109*
brännvärde *201–202*
bygglov *159, 208, 216*
bär *70, 72–74, 76, 136*

C
chorizo *56*

D
daggmaskar *180, 185–186*
dammar *128, 165, 189, 191*
diken *155*
dill *18, 113*
djurskyddslagen *38*
dragfordon *211*
driftskontroll *207*
drivbänk *102*
dränering *151–152, 155, 159, 165*
dygnsgrader *50*

E
ekologisk odling *42, 88, 98, 119, 179*
elaggregat *38, 207*
elsvets *215*
elverk *207*
Energimyndigheten *207*
ensilage *29, 37, 94*

F
fiberduk *90, 106*
fjälster *56*
fjärilar *128*
flugfångare *195*
flugor *195*
fläderblomssaft *76*
foder *29, 30, 37–38, 127, 140, 185*
friland *87, 90, 94, 106, 112, 120, 135–136*
fritidsodlare *105, 205*
frost *25*
frukt *26, 69, 74, 76, 79, 88, 105, 119, 124, 160, 195*
fruktodling *33, 42, 66, 105, 143*
fruktträd *65–66, 69, 101, 105*

fröer *26, 88–90, 127*
frösådd *15, 25, 102, 127, 132, 148*
fyrhjuling *38, 211–212*
fågelbad *128*
fågelholk *128, 139*
fågelmat *140*
får *29, 44, 48, 56, 166, 212*
fälla träd *199*
färs *56, 59*
förbandslåda *162*
förgro *90, 93*
förkultivera *90, 109, 112*
förnyelsebar energi *34*
första hjälpen *162*

G
gallring *34, 70, 73, 88, 90, 115–116, 143, 148*
garvning *44*
gassvets *215*
getter *37, 166, 212*
gift *15, 33, 119, 132*
gnagare *131*
grindstolpar *144, 147–148*
grisar *38–39, 48, 52, 56, 59, 148, 166, 212*
grishus *38*
grobarhet *41, 88–89*
gråvatten *135*
gräsklipp *15, 30, 42, 72, 90, 94, 101, 109–110, 116, 120, 179, 180, 185–187*
gräsmatta *127, 185, 187*
gröngödsling *127, 179, 187*
grönkål *109, 116*
grönsaker *22, 42, 88, 90, 98, 101–102, 106, 120, 124, 136, 160, 187*
guldvatten *88, 94, 97, 116, 120, 170*
gärdsgård *144*

gödsel 34, 38, 41–42, 72, 94, 97–98, 102, 110, 115, 120, 127, 148, 179–180, 183, 186–187, 195
gödselstack 16, 195
gödsling 15, 41, 70, 72, 94, 97–98, 110, 116, 120, 148, 170, 179, 195

H

hallon 70
halm 15, 25, 30, 94, 102, 109–110, 124, 156, 160, 169, 180, 183, 187, 212
hamling 185
harva 34, 41
hinkodling 94
honung 21, 33
humus 110, 112
husgrund 165
hushållsavfall 30, 180, 183
huskurer 21
hustak 156, 165
häckar 143
hälsoväxter 18
hängmöra kött 50
hästar 34, 41, 148, 166, 212
hö 29, 37, 41, 94, 127, 212
höns 30, 49, 169
hönsgård 30, 169
hönshus 30, 101, 169

I

insektshotell 128

J

jakt 62
JAS-beskärning 65
jord 15, 69, 72, 87, 94, 109–110, 112–113, 115, 120, 155, 180, 186
jordbruk 34, 37, 42, 88, 119, 179
jordbruksredskap 211
Jordbruksverket 29, 166, 169
jordfräs 187, 211
jordförbättring 98, 101, 183, 185–186
jordgubbar 72, 106
jordgubbssaft, kokt 76
jordkällare 52, 55, 79, 110, 124, 159
jordtrötthet 120, 179
Jägareförbundet 62

K

kalkblandning 174
kallbänk 102
kallrökning 55
kemikalier 33, 119
klimatzoner 101
kombinationssläp 212
kompensationspunkt 15
kompost 15, 38, 70, 72, 94, 97, 115, 120, 180, 183, 185–187
kompostering 170, 180, 183, 185
kompostjord 180
konservering 22, 55, 75–76
konstgödsel 179
korv, recept 56-57
krusbär 72
kryddodling 115
kryddträdgård 19, 25, 101, 112, 115
kryddsalt, recept 26
kryddväxter 23, 112
kräftfiske 188
kräftor, koka 188
kräftpest 189
kullerstensgård 152
kulturväxter 41
kålväxter 109
kärnved 147
kökskompost 180
köksträdgård 25, 73, 94, 101, 170
köldnätter 110
körsbär 69
köttguide 62
kött 26, 48, 50, 52, 55, 59, 62
kött, hängmöra 50
kött, rimma 55

L

lastare 211
latrinavfall 170
latrinkompost 170
lerjord 186
lähäck 143
löv 102, 180, 185
lövkompost 185
lövmull 115, 185

M

Maedi-Visna 29
maltlimpor, knubbiga 84
marktäckning 70, 72, 110, 120, 187

medicinalväxter 19
MIG/MAG-svets 215
mikroklimat 70, 94, 102, 143
miniväxthus 87, 90
mjölksyrning 22–23
moln 205, 216
must 79
mygg 19, 192
myggmedel 19, 192
mögel 72–73, 93–94, 106, 120–121, 140
mögelangrepp 26, 72, 119, 121
möss 196

N

nektarautomat 128
nematoder 132
nässelvatten 88, 94, 97, 116, 120
nässlor 16

O

odlingsbädd 15, 94, 98, 101, 132, 173, 187
odlingskupa 112
odlingsröse 152
odlingssäsong 25, 120, 187
ogräs 15, 16, 68, 70, 72, 90, 94, 120, 123, 148, 152, 155
orangeri 173

P

pallkrage 94, 101–102, 180
persilja 112–113
pigment 174, 177
pinnsvets 215
plantbrätte 25
plantering 68, 70, 72–73, 87, 90, 93–94, 109–110, 116, 120, 143, 148, 179
plommon 69
pollinering 33, 105–106
pollineringsträd 105
potatis 93, 106
probiotika 22

R

rabatt 90, 132, 165, 185
recept
    chorizo på älgfärs 56
    fläderblomssaft 76

lufttorkad skinka *52*
klassisk bratwurst *57*
kokta kräftor *188*
kokt jordgubbssaft *76*
korv *56*
knubbiga maltlimpor *84*
kryddsalt *26*
mormors passerade äppelmos *75*
svagdricka *80*
regnvatten *135–136, 155*
reservelverk *207*
rimma kött *55*
rådjur *131*
råttfällor *197*
råttor *196*
rötangrepp *65, 121*

S

saft, koka *76*
salicylsyresprej *119*
sallat *116*
sandjord *187*
savojkål *110*
sav, tappa *80*
saltlake *53, 55*
sedumtak *156*
skadedjur *72, 73, 110, 115–116, 119–121, 123, 136, 169, 180, 196*
skadedjursangrepp *66, 72–73, 123*
skinka, lufttorkad *52*
skinn, garva *44*
skinnslöjd *47*
skogsbruk *34, 147*
skomakarsöm *47*
skota ut timmer *34, 148*
slakt *48-49*
slåtter *41, 127*
släp *212*
smultron *73*
sniglar *72, 116, 121, 128, 132–133, 136*
solceller *208, 216, 219*
solfångare *219*
spannmål *42, 101*
stall *166*
staket *38, 131, 144, 147–148*
stengärdsgård *151*
stenkista *160*
sticklingar *87*
stuka *124*
stängsel *131, 147*
surkål *22*

svagdricka *80*
svampsjukdomar *70, 113*
svetsa *215*
svetspinne *215*
såpvatten *119*
sårläkande växter *18, 21*

T

tappa sav *80*
TIG-svets *215*
timmer *148*
timmer, skota ut, *34, 148*
tjära *177*
tjärbränning *177*
toaletter *170*
torv *87, 93, 94, 115, 180, 185*
torvmull *185, 187*
torvströ *170*
torvtak *156*
traktorsläp *212*
traktor *34, 38, 41, 147, 207, 211–212*
trikinprov *48*
trindsäd *42*
triplexdrag *212*
trädfällning *199*
trädgårdsavfall *170, 180*
trädgårdskompost *180, 185*
träskyddsmedel *177*
träslag *147–148, 201–202*
tång *98*
täckdikning *155*
täckduk *94*
täckodling *15, 101*
täckväv *106, 132*

U

utedass *170*
uthus *66, 124, 152, 165, 219*

V

vakuummaskin *74*
vakuumrör *219*
vall *29, 41–42, 101*
vallörtsvatten *97*
varmbädd *90*
varmbänk *102*
varmkompost *94, 120, 180, 183*
varmrökning *55*
varmvattenberedare *219*

vasstak *156*
vattenpump *207*
vattenreservoar *135*
ved *55, 148, 201–202*
vedbod *128, 202*
vedförvaring *202*
vedklyvning *201*
vedstack *202*
vedstapel *202*
ventilation *90, 120, 156, 159, 166, 195*
vildsvin *131*
vilt *59, 62*
vinbär *72*
vindfång *106, 143*
vindkraftverk *208*
vindskydd *101, 143*
vindsnurra *208*
virussjukdomar *29, 72*
vitkalkning *174*
vitlökssprej *119*
väder *205*
värprede *169*
växelbruk *113, 179*
växthus *25, 87, 90, 93–94, 102, 105–106, 120–121, 135–136, 173*
växtföljd *42, 72, 120, 179, 187*
växtnäring *42*

Y

ympa *66, 69, 105*
ympris *65*

Ä

ägg *30, 169*
ängsmark *16, 41, 127*
ängsväxter *127*
äpplen *33, 68–69, 75, 78–79, 101, 105, 124–125, 140, 143*
äppelmos *69, 75*
äppelmust *79*

Ö

öl *80, 83, 132*
örtagård *26, 115*
örter *26, 94, 127*

ANVÄNDBARA BÖCKER & LÄNKAR

Björklund, J mfl, *Mat & klimat*, Medströms Bokförlag 2008

Christoffersson, S, *Jakt i Norden*, Prisma 2015

Eliasson, K, *Grönt! Odla egna grönsaker*, Norstedts 2012

Flowerdew, B, *Bekämpa sjukdomar och skadedjur*, Norstedts 2012

Fält, L mfl, *Handbok Överlevnad*, Armén/Försvarsmakten 1988

Glantz, M, *Friluftsliv och hantverk*, LT:s förlag 1987

Hidemark, O mfl, *Så renoveras torp & gårdar*, Massolit Förlag 2014

Israelsson, L, *Handbok för köksträdgården*, Bonnier Fakta 2011

Källman, S, *Vilda växter som mat & medicin*, Ica Bokförlag 2006

Linde, B mfl, *Rätt ur jorden: Handbok i självhushållning*, Ordfront Förlag 2014

Mandelmann, M, G, *Självhushållning på Djupadal*, Bonnier Fakta 2013

Pettersson, M-L mfl, *Växtskydd i trädgård*, LT:s Förlag 1998

Plöninge, P, *Den goda jorden*, Prisma 2006

Seymour, J, *Självhushållning*, Skörda Förlag 2014

Strömqvist, A, *Odlarens handbok*, Norstedts 2012

Weidow, B, *Växtodlingens grunder*, Natur & Kultur 2000

Österåker, M, *Självhushållning i praktiken*, Norstedts 2015

SKRIFTER & FORSKNING

Fakta Trädgård Fritid, Sveriges Lantbruksuniversitet, SLU

Faktablad om ekologisk odling, Riksförbundet Svensk Trädgård

Försöksresultat för fritidsodlare, Sveriges Lantbruksuniversitet, SLU

Odlingsbeskrivningar för ekologiska grönsaker, Jordbruksverket

Föreskrifter och allmänna råd om slakt och annan avlivning av djur (SJVFS 2012:27)

Brusling, A, »Vallört som växtnäringskälla«, examensarbete, SLU 2007

DJUR & JAKT

www.biodlarna.se
www.jagareforbundet.se
www.jordbruksverket.se
www.kackel.se
www.landtsvinet.se
www.trikinanalys.com
www.trikinprov.se
www.wwf.se

ODLING

www.fobo.se
www.odla.nu

SJÄLVHUSHÅLLNING

www.alternativ.nu
www.skogsskafferiet.se

VINDKRAFT, ALTERNATIV ENERGI

www.24volt.eu
www.energimyndigheten.se
www.vindlov.se

ÖVRIGT

www.eldrimner.com
www.transportstyrelsen.se

TACK TILL

Maria Wivstad, Thomas och Yvonne Hallqvist, Elna Schott, Ann-Louise Fransson, Sara Bäckmo, Bernd och Isan Barty, Kretsloppshuset i Mörsil, familjen Nordström, Jessica och Peter Wictorsson, Elisabeth och Bo Skandevall, Johan Widing, Per-Inge och Mona Persson, Jarl Wernersson, Åsa och Per-Arne Olsson, Annika Ohlsson, Mikael Hjelmqvist, Sven och Rebecca Welander, Kristina Kämpargård, Bo Angelsmark, Margareta Truedsson, Kristina Torstensson, Stefan Jönsson, Annelie Svensson, Christopher Gårner, Fredrik Gröndahl, Mats Persson, Hulda Lundin, Vernice Wiberg, Anna och Lars Mårtensson, Göran Bergqvist, Boel och Lars Dahlberg, Lars och Anne Nilsson och Jenny Harlen. Tack alla grannar som låtit mig besöka och fotografera era gårdar. Tack även till världens bästa ungar, Kalle och Hilda Kämpargård.